Buying Time

Un momento.	*Just a minute.*
Déjame pensar.	*Let me think.*
Veamos. (A ver.)	*Let's see.*
¿Cómo lo diría yo?	*How should I put it?*
Ahora bien…	*Now then…*

Hesitating

Pues,… (Este,…)	*Er…*
Eh,…	*Ummm,…*
Entonces…	*Then…*
Y ¿cómo era?	*And how was that?*

Giving an Opinion

Tengo que insistir en que…	*I have to insist that…*
Me parece (creo, pienso, opino) que…	*I think that…*
Es obvio (evidente) que…	*It's obvious that…*
Para mí,…	*For me,…*

Agreeing

De acuerdo. (Vale.)	*Agreed.*
Estoy totalmente de acuerdo.	*I am in total agreement.*
Sí, tienes razón.	*Yes, you're right.*
¡Eso es!	*Exactly!*

Disagreeing

No es así.	*That's not so.*
Lo siento, pero pienso que te equivocas (estás equivocado)…	*I'm sorry, but I think you're wrong.*
¡Imposible! (¡No puede ser!)	*Impossible! (It can't be!)*
¡Qué va!	*No way!*

Approximating Meaning

Oh, tú sabes, es una cosa que…	*Oh, you know, it's a thing that…*
Es una especie de…	*It's a kind of…*
Es algo así como…	*It's something like…*
Bueno, se me olvida (no recuerdo) cómo se dice, pero es…	*Well, I forget how to say it, but it is…*

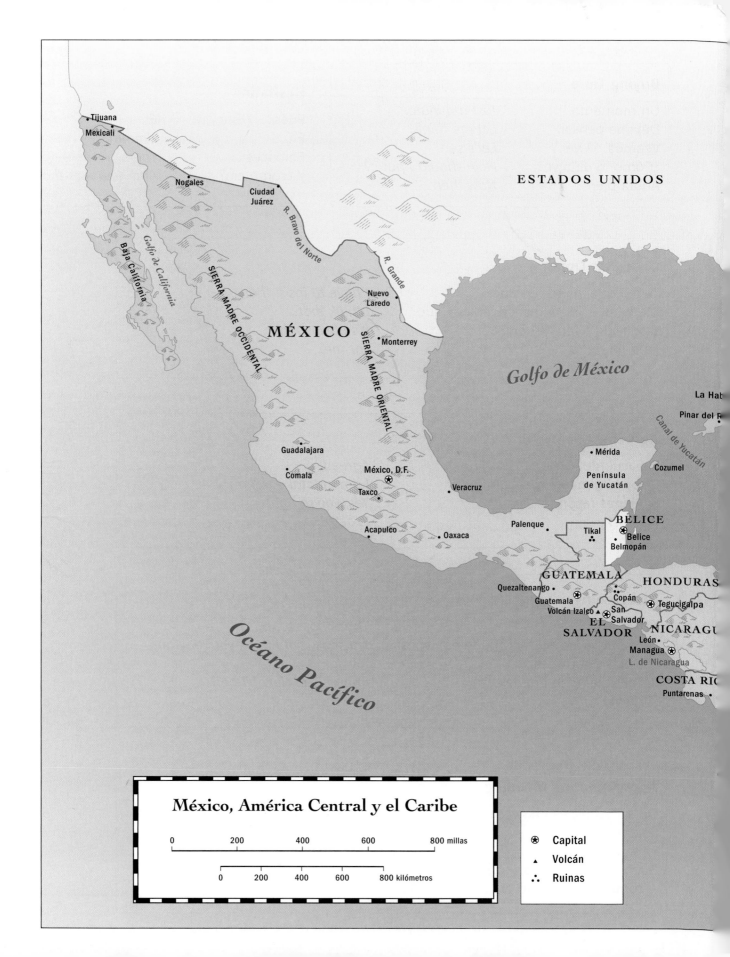

Tijuana
Mexicali
Nogales
Ciudad Juárez
ESTADOS UNIDOS

Golfo de California
Baja California
R. Bravo del Norte
R. Grande
SIERRA MADRE OCCIDENTAL
Nuevo Laredo

MÉXICO
Monterrey

SIERRA MADRE ORIENTAL

Golfo de México

La Hab
Pinar del R

Guadalajara
Mérida
Cozumel
Canal de Yucatán
Comala
México, D.F. ⊛
Península de Yucatán
Taxco
Veracruz
Palenque
BELICE
Tikal ∴
Belice ⊛
Belmopán
Acapulco
Oaxaca

GUATEMALA
Quezaltenango ·
Copán ∴
HONDURAS
Guatemala ⊛
Tegucigalpa ⊛
Volcán Izalco ▲
San Salvador
EL SALVADOR
NICARAGU
León ·
Managua ⊛
L. de Nicaragua

COSTA RI
Puntarenas ·

Océano Pacífico

México, América Central y el Caribe

0   200   400   600   800 millas

0   200   400   600   800 kilómetros

⊛ Capital
▲ Volcán
∴ Ruinas

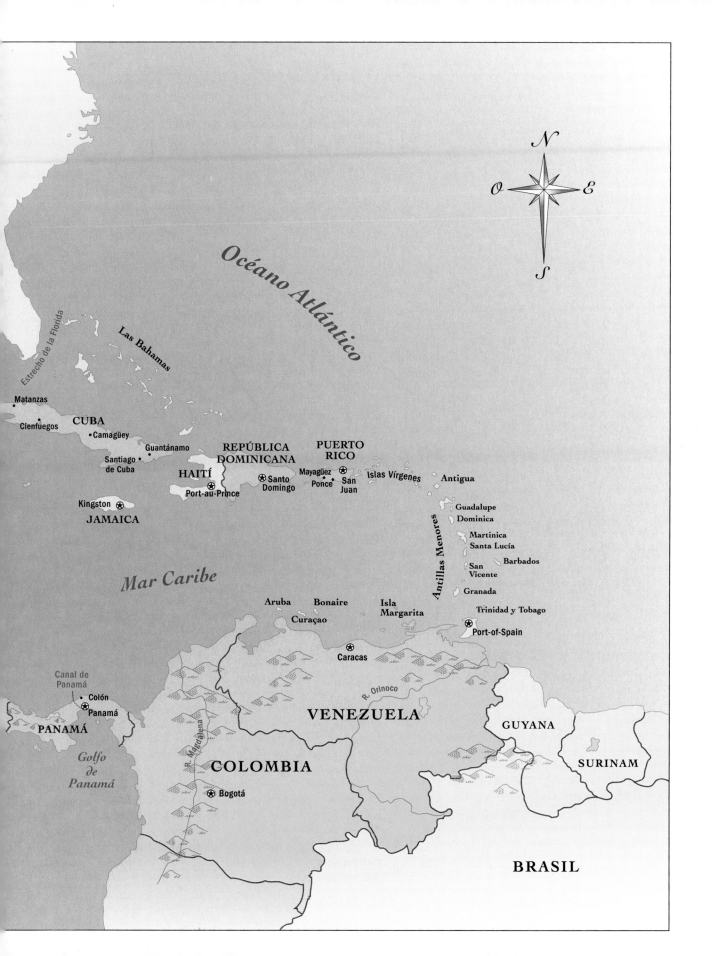

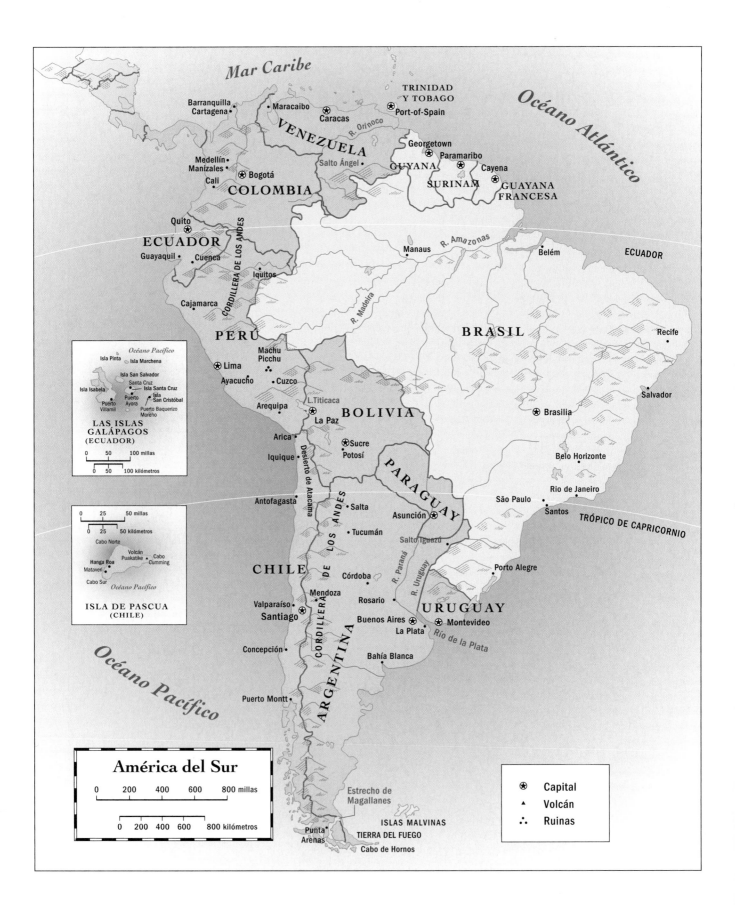

Mar Caribe

Océano Atlántico

Barranquilla
Cartagena
Maracaibo
Caracas
TRINIDAD
Y TOBAGO
Port-of-Spain

VENEZUELA
R. Orinoco

Georgetown
Paramaribo
Cayena

Medellín
Manizales
Cali
Bogotá
COLOMBIA
Salto Ángel
GUYANA
SURINAM
GUAYANA
FRANCESA

Quito
ECUADOR
Guayaquil
Cuenca
Iquitos

R. Amazonas
Manaus
Belém
ECUADOR

CORDILLERA DE LOS ANDES

Cajamarca

PERÚ
R. Madeira
BRASIL
Recife

Océano Pacífico
Isla Pinta
Isla Marchena
Isla San Salvador
Santa Cruz
Isla Santa Cruz
Isla Isabela
Puerto
Ayora
Isla
San Cristóbal
Puerto Baquerizo
Moreno
Puerto
Villamil
LAS ISLAS
GALÁPAGOS
(ECUADOR)
0   50   100 millas
0   50   100 kilómetros

Machu
Picchu
Lima
Ayacucho
Cuzco
Arequipa
L.Titicaca
BOLIVIA
La Paz
Salvador

Arica
Sucre
Potosí
Brasilia

Iquique
Belo Horizonte

Desierto de Atacama
Rio de Janeiro
São Paulo
Santos
TRÓPICO DE CAPRICORNIO

Antofagasta
Salta
Asunción
PARAGUAY

0   25   50 millas
0   25   50 kilómetros
Cabo Norte
Volcán
Puakatike
Cabo
Cumming
Hanga Roa
Mataveri
Cabo Sur
Océano Pacífico
ISLA DE PASCUA
(CHILE)

Tucumán
Salto Iguazú

CORDILLERA DE LOS ANDES

CHILE
Córdoba
R. Paraná
R. Uruguay
Porto Alegre

Valparaíso
Mendoza
Rosario
URUGUAY

Santiago
Buenos Aires
Montevideo
La Plata
Río de la Plata

Concepción
Bahía Blanca

Océano Pacífico

ARGENTINA

Puerto Montt

América del Sur

0   200   400   600   800 millas

0   200   400   600   800 kilómetros

Estrecho de
Magallanes

ISLAS MALVINAS
Punta
Arenas
TIERRA DEL FUEGO
Cabo de Hornos

⊛   Capital
▲   Volcán
∴   Ruinas

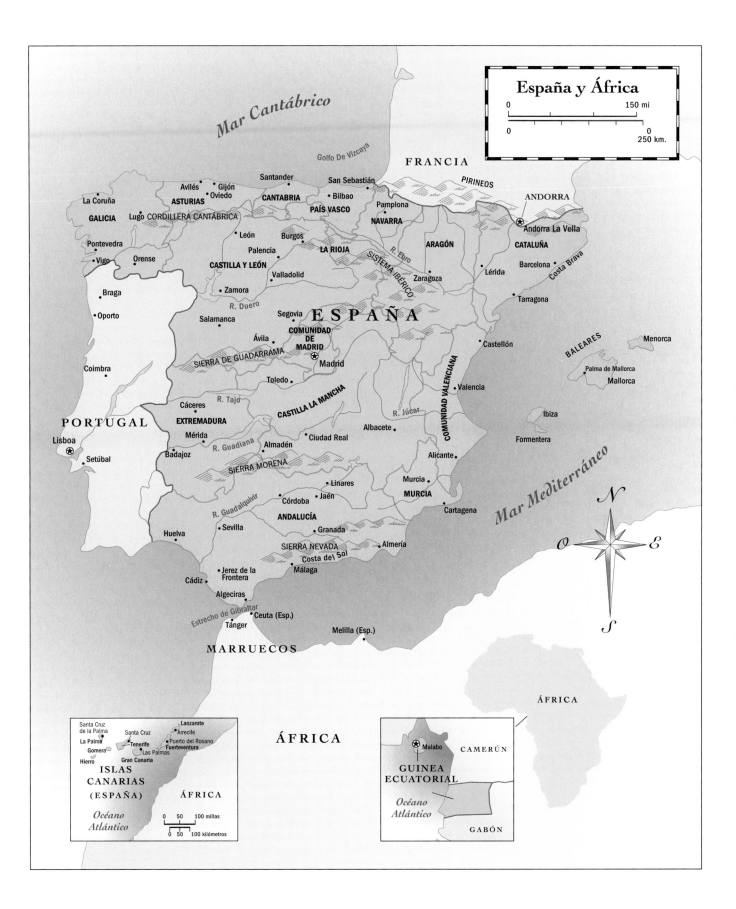

España y África

0   150 mi

0   0
250 km.

Mar Cantábrico

Golfo De Vizcaya

FRANCIA

PIRINEOS

ANDORRA

La Coruña

Avilés   Gijón
ASTURIAS   Oviedo

Santander

San Sebastián

Bilbao

Pamplona

Andorra La Vella

GALICIA

Lugo CORDILLERA CANTÁBRICA

CANTABRIA

PAÍS VASCO

NAVARRA

CATALUÑA

Pontevedra

León

Burgos

Palencia

LA RIOJA

ARAGÓN

Barcelona

Costa Brava

Vigo

Orense

CASTILLA Y LEÓN

Valladolid

R. Ebro

SISTEMA IBÉRICO

Zaragoza

Lérida

Braga

Zamora

Tarragona

Oporto

R. Duero

Salamanca

Segovia

ESPAÑA

Coimbra

Ávila

COMUNIDAD
DE
MADRID

SIERRA DE GUADARRAMA

Madrid

Castellón

BALEARES

Menorca

Palma de Mallorca

Mallorca

Toledo

PORTUGAL

Cáceres

R. Tajo

CASTILLA LA MANCHA

Valencia

COMUNIDAD VALENCIANA

Lisboa

EXTREMADURA

Mérida

R. Guadiana

Almadén

Ciudad Real

Albacete

Ibiza

Formentera

Setúbal

Badajoz

SIERRA MORENA

Alicante

Linares

Murcia

Córdoba

Jaén

MURCIA

R. Guadalquivir

ANDALUCÍA

Cartagena

Huelva

Sevilla

Granada

Mar Mediterráneo

Jerez de la
Frontera

SIERRA NEVADA

Costa del Sol

Almería

Cádiz

Málaga

N

Algeciras

O

E

Estrecho de Gibraltar

Ceuta (Esp.)

S

Tánger

Melilla (Esp.)

MARRUECOS

ÁFRICA

ÁFRICA

Santa Cruz
de la Palma

Lanzarote

Santa Cruz

Arrecife

La Palma

Tenerife

Puerto del Rosano

Gomera

Las Palmas

Fuerteventura

Hierro

Gran Canaria

Malabo

CAMERÚN

ISLAS
CANARIAS
(ESPAÑA)

ÁFRICA

GUINEA
ECUATORIAL

Océano
Atlántico

Océano
Atlántico

0   50   100 millas

0   50   100 kilómetros

GABÓN

G 1-2 Para usar el vocabulario clave. Contesten las siguientes preguntas en grupos. Luego, expliquen sus respuestas a la clase.

1. ¿Para qué sirve el sentido del olfato en los perros? Piensen en todos los usos posibles de este sentido.
2. Además del sentido de la vista, ¿qué otros sentidos usan ustedes para reconocer a sus amigos y familiares?
3. Describan una situación peligrosa y expliquen cuáles de los cinco sentidos usarían para saber que están en peligro.

2 1-3 Los cinco sentidos. En parejas, completen el cuadro según cada categoría.

Suggestions for 1-3. Preview the words in the description column by having students use them to describe the following items: *el coco, el mar, la arena, el puro, el coquí.*

Descripción	La naturaleza	Productos fabricados
agrio(a)	un limón	el vinagre
amargo(a)		
áspero(a)		
de color azul claro		
de color verde oscuro		
diminuto(a)		
estrecho(a)		
maloliente		
mojado(a)		
pegajoso(a)		
redondo(a)		
ruidoso(a)		
transparente		

2 1-4 ¿Cómo es? Usen preguntas del cuadro para preguntarse cómo son las cosas de la lista. Respondan con palabras del *Vocabulario clave.*

La vista	El tacto	El oído	El sabor	El olfato
¿Qué tamaño tiene...?	¿Cómo es... al tacto?	¿Cómo suena...?	¿Qué sabor tiene...?	¿A qué huele...?
¿Qué tan grande es...?		¿Qué sonido tiene...?	¿A qué sabe...?	¿Cómo huele...?
¿De qué forma es...?				
¿De qué color es...?				
¿Cómo es?				

1. un melón
2. una motocicleta
3. un pez
4. un helado
5. una orquídea
6. una palmera
7. una limonada
8. una nuez

Suggestions for 1-5. Assign three (or more) words to each group and give them 10 minutes or so to write out their descriptions. Then put two groups together, making sure each was assigned different words. Tell students that they may not say what the item can be used for. Encourage students to use as much key vocabulary as possible.

G **1-5 ¿Sabes lo que quiero decir?** Miren la lista de palabras a continuación. Imagínense que ustedes no saben cómo se llaman estas cosas en español, pero creen que pueden describirlas usando el vocabulario que están aprendiendo en este capítulo. En grupos de tres estudiantes, preparen una descripción de las cosas que su profesor(a) les asigne. Luego, reúnanse con otros tres compañeros y lean sus descripciones para que ellos las adivinen.

MODELO: (*lemon drop*) No sé cómo se dice (se llama), pero... (No recuerdo la palabra, pero...) es una cosa generalmente redonda y muy pequeña. Es dulce, dura al tacto y sabe a limón.

baby diapers	*doorbell*
banana	*ice cube*
bar of soap	*pineapple*
beach ball	*Post-it notes*
blue cheese	*sand*
chewing gum	*skating rink*
cigar	*whistle*
coconut	*wind chimes*
deck of cards	

CULTURA

El Caribe

2 **1-6 ¿Qué saben del tema?** Adivinen todas las respuestas posibles.

Suggestions for 1-6. Use a map of the area and pictures of the people and products mentioned to help clarify meaning and generate conversation.

1. ¿Cuáles de estos países se encuentran en el Caribe?

    __X__ Venezuela   __X__ Cuba

    _____ Perú   __X__ Colombia

    __X__ Puerto Rico

2. ¿Quiénes son del Caribe?

    _X (DR)_ Sammy Sosa   _____ Madonna

    _X (CU)_ Fidel Castro   _____ Rigoberta Menchú

    _____ Cristóbal Colón

3. ¿Cuál es la música típica del Caribe?

    _____ flamenco   __X__ salsa

    _____ vals   _____ ranchera

    _____ tango   __X__ mambo

4. ¿Cuáles de estos países caribeños son islas?

    _____ Venezuela   __X__ Cuba

    _____ Colombia   __X__ la República Dominicana

    __X__ Puerto Rico

5. ¿Cuáles son los principales productos de exportación de esta área?

    _____ el vino   _X (CO)_ el café

    _X (V)_ el petróleo   _____ el algodón

    _X (CU)_ el azúcar

6. ¿Cuáles de estas ciudades están en el Caribe?

    _____ Buenos Aires   _X (DR)_ Santo Domingo

    _____ Madrid   _X (PR)_ San Juan

    _X (V)_ Caracas

7. ¿Cuáles de estos idiomas se hablan en diferentes partes del Caribe?

    __X__ el francés   _____ el náhuatl

    __X__ el español   __X__ el inglés

    _____ el italiano

8. ¿Qué monedas se usan en el Caribe?

    _X (PR)_ el dólar estadounidense   _X (CU, CO, DR)_ el peso

    _X (V)_ el bolívar   _____ el euro

    _____ el colón

Suggestions for introducing the *Enlaces: Cultura* display. (1) Before students read, tell them to close their eyes and think about what images (sights, sounds, smells, tastes, textures and feelings) the photo of the beach brings to mind. Write their ideas on the board in categories of the five senses as they share them with the class. (2) Remind students that they can learn a great deal about a reading selection by looking for cognates. Identify several cognates from the introduction (*fértiles, común, geografía*), then tell students to scan the text for others. As they call them out to you, list words on the board. (3) Write new words on board for discussion: *alfabetización (el saber leer y escribir), compartir (usar o tener en común), fuerte (fortaleza), impuestos (cantidad de dinero que se paga al Estado obligatoriamente)*. (4) Assign pairs or small groups to work together to read about one of the three countries and write a summary of the information presented in their own words. Then ask all students to take notes as volunteers report back to whole class. (5) The pictures are of two manatees, the *cavernas del río Camuy*, an iguana, and the *zunzún*, the smallest bird in the world.

El Caribe

CAPÍTULO 1 INTRODUCCIÓN

Las fértiles islas caribeñas de Puerto Rico, República Dominicana y Cuba tienen mucho en común, desde su geografía variada, clima tropical y ricos recursos naturales hasta sus coloridas tradiciones culturales y herencia indígena, europea y africana.

Dos manatíes

Recursos

Productos agrícolas: caña de azúcar, café, tabaco, cacao, cítricos, piña
Metales: níquel, oro, plata
Flora: orquídea, bromelia
Fauna: coquí puertorriqueño, cotorra, manatí
Recurso turístico: playas

Puerto Rico

Desde 1952 Puerto Rico es un Estado Libre Asociado (*Commonwealth*) de Estados Unidos. Bajo el ELA, Puerto Rico tiene un gobierno autónomo, un gobernador elegido por los residentes de la isla y un representante al congreso estadounidense que tiene voz, pero no voto. Sus habitantes, ciudadanos estadounidenses desde 1917, pueden viajar y vivir en Estados Unidos sin restricciones. Los puertorriqueños se benefician de programas de asistencia pública y no pagan impuestos federales. Sin embargo, están obligados a servir en las fuerzas armadas de Estados Unidos sin tener derecho a votar en las elecciones presidenciales.

La belleza extraordinaria de Puerto Rico, país conocido también como la Isla del Encanto o Borinquén (nombre indígena), atrae a más de tres millones de turistas cada año. ¿Sabía usted que los norteamericanos no necesitan obtener pasaporte o visa para viajar a la isla?

República Dominicana

La República Dominicana comparte con Haití la isla de La Española. En esta isla Colón construyó el fuerte La Navidad, primer lugar poblado por los españoles en América. Luego, en 1496, su hermano

estableció la Nueva Isabela, hoy Santo Domingo, la ciudad más vieja del Nuevo Mundo. Santo Domingo tiene algunos de los edificios más antiguos de la época colonial en Latinoamérica: el primer hospital, la primera universidad y la primera catedral. Estos magníficos monumentos impresionan a los muchos turistas que visitan esta bellísima isla cada año. Conocida como Quisqueya, nombre indígena que significa "madre de todas las tierras", esta nación es famosa por su biodiversidad. ¿Sabía usted que la República Dominicana tiene numerosas reservas biológicas, el mayor número de especies de plantas del Caribe y un sistema de cavernas con murales y pictografías de tiempos pre-hispánicos?

Cuba

Nombrada Coabana (lugar grande) por los indígenas, Cuba es la isla más grande de las Antillas Mayores. Esta "perla de las Antillas" está situada a una distancia de 145 kms. (91 millas) de la costa de la Florida. Desde 1959 este país tiene un gobierno comunista bajo el control absoluto del presidente, Fidel Castro. Como resultado de esta situación política, Estados Unidos suspendió las relaciones diplomáticas con esta nación e impuso un embargo económico. El embargo, que prohíbe el comercio de compañías estadounidenses con Cuba, significa que los cubanos no pueden comprar petróleo, comestibles, medicinas y otros productos de primera necesidad de Estados Unidos. Además, los ciudadanos estadounidenses que deseen viajar a Cuba tienen que pedir permiso al Departamento del Tesoro y están sujetos a restricciones sobre la cantidad de dinero que pueden gastar allí.

A pesar de sus problemas económicos, Cuba pone mucho énfasis en la educación. ¿Sabía usted que bajo el gobierno de Fidel Castro los cubanos tienen un índice de alfabetización del 95% y un sistema de educación gratuito desde la enseñanza primaria hasta la universitaria?

G **1-7 Tres islas caribeñas.** Respondan a las siguientes preguntas.

1. ¿Cuál es el nombre indígena de Puerto Rico?, ¿y el de la República Dominicana?, ¿el de Cuba? ¿Qué significan estos nombres en español?

2. Expliquen por qué Puerto Rico es conocida como la Isla del Encanto.

3. ¿Qué país caribeño tiene un gobierno comunista? ¿Por qué impuso Estados Unidos un embargo económico sobre este país? ¿Cuáles han sido algunas de las consecuencias del embargo?

4. ¿Qué beneficios y responsabilidades tienen los puertorriqueños bajo el Estado Libre Asociado?

5. ¿Qué importancia histórica tiene la República Dominicana?

6. ¿Qué porcentaje de la población cubana sabe leer y escribir? ¿Por qué es tan alto el porcentaje? ¿Qué porcentaje de la población de su país sabe leer y escribir?

7. ¿Qué tienen en común estos tres países?

8. ¿Deben tener los puertorriqueños el derecho de votar en las elecciones presidenciales de Estados Unidos? Expliquen su punto de vista.

◀◀ Expansión del tema ▶▶

Algunos cubanos residentes en Estados Unidos apoyan el bloqueo económico contra Cuba mientras que otros se oponen a él. Presenten uno o dos argumentos a favor del bloqueo y uno o dos en contra.

GALERÍA CULTURAL

Puerto Rico, ¿Independencia o estadidad?

Desde los años 60 el estatus político de Puerto Rico ha sido uno de los temas más controvertidos de la isla. De hecho, la preferencia de estatus guía la plataforma principal de los partidos políticos. El Partido Popular Democrático propone algunas mejoras al existente Estado Libre Asociado. El Partido Independentista Puertorriqueño favorece la independencia completa, aunque sugiere un Tratado de Amistad y Cooperación con los Estados Unidos para facilitar la transición. El Partido Nuevo Progresista quiere que Puerto Rico se incorpore a Estados Unidos como el 51 estado de la unión.

Para escuchar

Puerto Rico — ¿Independencia o estadidad?

G **1-8 Antes de escuchar.** Después de considerar la siguiente situación, hagan una lista de las ventajas y desventajas de cada opción.

Situación: Un(a) joven de 24 años tiene un trabajo de jornada parcial. Vive en su propio apartamento, pero su familia paga la mayoría de sus gastos y opina sobre todas sus actividades. Ha llegado el momento de tomar una decisión sobre su futuro. Él(Ella) propone estas opciones.

Opciones

1. Independizarse por completo. Buscar trabajo de jornada completa y pagar sus propios gastos.
2. Unirse al negocio familiar. Aceptar la propuesta de su padre de ser co-director(a) de su fábrica de ropa.

1 **1-9 Comprensión global.** ¿Cuál es el propósito principal del programa que usted escucha en Noticentro?

1. Presentar una historia de la industrialización de Puerto Rico.
2. Hablar de la constitución de Estados Unidos.
3. Presentar dos puntos de vista sobre el estatus político de Puerto Rico.
4. Comentar los derechos de los puertorriqueños.
5. Celebrar la identidad cultural de Puerto Rico.

1 **1-10 Después de escuchar.** Vuelva a escuchar el programa de Noticentro. Luego indique si los puertorriqueños ganarían los siguientes beneficios con (**I**) la independencia, o (**E**) la estadidad. **¡OJO!** A veces hay más de una respuesta.

1. ___E___ los mismos derechos que los otros ciudadanos estadounidenses
2. ___E, I___ mayor prosperidad
3. ___E___ el derecho a votar por el presidente de los Estados Unidos
4. ___E, I___ la conservación de la identidad cultural
5. ___E, I___ la dignidad política
6. ___I___ el derecho a mandar en su propia casa

◀◀ Expansión del tema ▶▶

Si usted fuera puertorriqueño(a), ¿favorecería la estadidad, la independencia o el Estado Libre Asociado? ¿Por qué?

Preparation for *Contextos.* Assign exercises in the *Guía gramatical,* pages 134–140, as homework or, if you prefer, complete in class as paired or small group activities.
Suggested pre-text grammar activities. (1) Question formation: Suggest a topic such as *la comida caribeña* or *los deportes caribeños* and have students ask as many questions as they can about the topic. Emphasize the differences between *¿qué/¿cuál?, ¿cómo/¿qué?, ¿dónde/¿adónde?* (2) *Ser, estar,* and *haber:* Ask students to work with a partner to describe pictures from your picture file. (3) The infinitive: (a) Have students use these words to talk about plans for the weekend: *pensar, tener que, ir a, querer, necesitar, deber, tener ganas de,* etc. (b) To illustrate the use of the infinitive as a noun, ask students to use an infinitive to complete statements such as : _____ *es emocionante,* _____ *es fácil,* _____ *me da miedo,* etc.
Optional: Point out that non-inverted WH questions are the rule in Cuba when the subject is a pronoun (*¿Qué tú quieres?*) and frequent as well in Puerto Rico and the Dominican Republic (*¿Cómo usted se llama?, ¿Qué tú me recomiendas?*).

Suggestions for 1-11. Allow sufficient time for students to review information and write questions before pairing them up.

 Antes de comenzar, estudie la formación de preguntas, *ser/estar/haber*, y los usos básicos del infinitivo en la *Guía gramatical,* páginas 134–140 y haga todos los ejercicios correspondientes.

Note for 1-12. Students will need sufficient time to prepare their interview before acting it out in front of the class.

 La formación de preguntas, páginas 137–139.

Suggestion for 1-12. Assign each pair a specific context in which to role-play interviews; for example, the interviewee could be a honeymooner from a cruise ship, a doctor at a convention, or a member of one of the following: the university soccer team, a rock-and-roll band, the university choir, or a vacationing family.

Usos básicos de *ser, estar* y *haber,* páginas 134–137.

¡Vamos al Caribe!

En *Contextos* usted va a hacer un viaje al Caribe. Antes de partir, repasará la información básica sobre la región. Cuando llegue al Caribe, asistirá a la filmación de un programa de televisión, conversará con el(la) recepcionista de su hotel sobre La Habana y escribirá una postal. También comentará con un(a) compañero(a) las actividades que se pueden hacer en la República Dominicana.

G 1-11 Antes de partir. Repasen las lecturas sobre Cuba, Puerto Rico y la República Dominicana presentadas en las páginas 10 y 11. Luego cierren el libro y háganse preguntas sobre la información. Usen palabras interrogativas.

Palabras interrogativas: ¿Qué? ¿Quién? ¿Cuánto(a)(s)? ¿Cuándo? ¿Cómo? ¿Dónde? ¿Por qué?

2 1-12 Entrevistas. Ustedes van a la filmación del *show* **Entrevistas desde el Caribe,** un programa en el que el(la) presentador(a) entrevista a algunos miembros del público. Completen la entrevista con por lo menos cinco preguntas y respuestas.

PRESENTADOR(A): ¿Por qué está usted de visita aquí en nuestro bello Caribe?

USTED: Decidí hacer un viaje al Caribe porque...

2 1-13 Necesito saber. Usted está de turista en La Habana y tiene algunas preguntas sobre la ciudad. El(La) recepcionista de su hotel responde a sus preguntas. Represente la conversación con un(a) compañero(a). Usen los verbos **ser, estar** y **haber**.

MODELO: TURISTA: ¿Hay fortalezas en La Habana?

RECEPCIONISTA: Sí, una fortaleza muy famosa es el Castillo del Morro.

Lo que usted quiere saber	Lo que sabe el(la) recepcionista
• si existen fortalezas	• en la calle Oficios de La Habana vieja
• si existe una heladería cerca del hotel y los sabores que se pueden probar	• sí, el famoso Castillo del Morro
• dónde se presenta la próxima actuación del Ballet Nacional de Cuba	• 91 millas
• una descripción de la comida que se sirve en la Bodeguita del Medio	• la heladería Coppelia; chocolate y vainilla
• la personalidad de Fidel Castro	• en el Gran Teatro de La Habana a las 20.00 horas el próximo miércoles
• la distancia entre Cuba y la Florida	• bueno, para su edad
• dónde se encuentra el Museo de Autos Antiguos	• fuerte, dedicado y dogmático
• el estado de salud de Fidel Castro	• rica y sabrosa

2 **1-14 ¡Describamos!** Desde la ventana de su hotel, usted y su compañero/a de habitación tienen una bonita vista de una de las escenas presentadas aquí. En una postal que van a enviarle a un/a bueno/a amigo/a, describan todo lo que ven. Sólo pueden usar los verbos **ser**, **estar** y **haber** y las expresiones del *Vocabulario clave.*

Barcos de vela cerca de la playa

De noche en el viejo San Juan

Usos básicos del infinitivo, páginas 134–137.

Suggestion for 1-15. Have students work individually to come up with five suggestions. Then pair them up to share their ideas and react to each suggestion received.

2 **1-15 ¿Qué debo hacer?** Usted ya hizo las primeras cinco actividades mencionadas en el folleto turístico. Su compañero(a) hizo las otras cinco actividades. Díganse qué deben hacer **antes de, después de** o **al** hacer cada una de estas actividades. Sigan el modelo.

¿Qué hacer en la República Dominicana?

1. Observar las carreras de caballos en el Hipódromo V Centenario.
2. Ver correr los carros en el Autódromo de las Américas.
3. Bajar a la impresionante cueva de Los Tres Ojos.
4. Tomar ron dominicano.
5. Nadar en el mar.
6. Pasear en un crucero turístico.
7. Viajar a Puerto Rico en el Regal Voyage.
8. Comer en los cafés de las antiguas calles.
9. Ver la tumba de Cristóbal Colón en el Faro a Colón.
10. Visitar la impresionante colección de edificios del siglo XVI en la Ciudad Colonial.

MODELO:

Antes de
Después de $\Big\}$ _____
Al

(no) debes
(no) es recomendable $\Big\}$ _____.
(no) es buena idea

Después de <u>tomar ron dominicano,</u> no debes <u>nadar en el mar.</u>

REFLEXIONES

 LECTURA **Ritmos del Caribe**

Antes de leer

2 **1-16 Instrumentos musicales.** Describan tres de los siguientes instrumentos musicales usando los sentidos de la vista, el oído y el tacto.

MODELO: el arpa
El arpa es un instrumento de cuerda de forma triangular. Puede ser de tamaño mediano o grande. Tiene un sonido muy agradable de tonos altos y bajos. El arpa es de madera lisa. Las cuerdas son duras al tacto.

1. la pandereta
2. la flauta
3. el tambor
4. la armónica
5. el banjo

Antes de leer: You may wish to have students bring in music of the singers and instrumentalists discussed in the *Prepárese para entrar* activity at the beginning of the chapter.
Preparation for 1-16. Write the following on the board to help students with necessary vocabulary for the activity: *Instrumentos … de cuerda, … de viento, … de percusión, … eléctricos.*

Tito Puente hizo bailar al mundo al ritmo de sus timbales.

G **1-17 Gustos musicales.** Discutan sus respuestas a las siguientes preguntas. Luego presenten un resumen de su discusión al resto de la clase.

1. ¿Qué tipo de música escuchan? ¿Música clásica?, ¿pop?, ¿rock?, ¿folclórica?, ¿metálica?, ¿instrumental?
2. ¿Saben en qué lugar o en qué país se originaron estos estilos musicales? ¿Dónde?
3. ¿Cuáles son los instrumentos que se usan para tocar esta música?
4. ¿Quiénes son algunos de los intérpretes más famosos de cada estilo? ¿Quién es su cantante o músico favorito(a)? ¿Por qué?
6. ¿Qué tipo de música prefieren para bailar? ¿Por qué? Describan esta música.

Antes de comenzar:
Lea la *Estrategia de lectura N° 1* en la sección *Al estudiante*.

Reading: Students read ***Estrategia de lectura Nº 1*** in *Al estudiante* and ***Ritmos del Caribe*** for HW. Tell them to pause at the end of every paragraph and identify the main idea(s) by completing the sentences given in the margin. Follow up in class, asking volunteers to read their completed sentences. Help students clarify main ideas.

Al leer: Complete las oraciones para expresar las ideas más importantes.

El período de conquista y colonización en las Américas creó _____ y _____.

El merengue _____ y _____.

Ritmos del Caribe

Diccionario en breve

a escala mundial:	en todo el mundo
aborigen:	habitante originario
barro:	masa que se forma mezclando la tierra con el agua
desde el principio:	desde el inicio o los comienzos
género:	clase, grupo de cosas que tienen características comunes
jíbaro(a):	campesino(a) pobre
unir:	mezclar o juntar dos o más cosas entre sí

Un poco de historia

La historia de la evolución de la música caribeña empieza durante el período de la conquista y colonización española. Desde el principio, las tradiciones musicales indígenas se mezclaron con las de los colonizadores europeos. Luego en el siglo XVI, con la introducción de esclavos negros en las plantaciones de azúcar, hubo una fusión de formas musicales populares y ritmos africanos. Esta cultura criolla, basada en influencias europeas, indígenas y africanas, produjo una nueva y muy variada expresión musical.

La República Dominicana

Un buen ejemplo de una forma musical auténticamente caribeña es el vivo y rítmico **merengue** dominicano. Muchos consideran este baile nacional como la expresión perfecta de la cultura criolla porque une la tradición musical aborigen (el uso de la güira) a la africana (la tambora) y la europea (el acordeón).

güira hecha de calabaza

güira de metal

tambora

Cuba

Otra manifestación de la cultura criolla es el **son** cubano, uno de los géneros musicales cantables y bailables más populares del Caribe. El son combina elegantes melodías españolas con ritmos africanos y música francesa del cercano

Haití. Esta música se toca con una guitarra o con un instrumento que se llama el **tres** (una guitarra pequeña de sonido agudo). Otros instrumentos que también se usan son el contrabajo, la botija de barro, y el bongó, las claves y/o las maracas.

El son cubano es _____.

botija · claves · maracas · tres · contrabajo

Puerto Rico

La música folclórica puertorriqueña, conocida como música jíbara, es otro ejemplo de la cultura criolla. Sus canciones típicas, el **aguinaldo** navideño y el **seis**, se tocan con el cuatro puertorriqueño acompañado de guitarra española, güira y maracas. En cambio, la **bomba**, tipo de baile y música nacional interpretada con tambores (bombas) en forma de barril, es de origen africano.

La música jíbara es _____.

bomba · cuatro

La salsa

La salsa es, sin duda alguna, el tipo de música caribeña de mayor popularidad a escala mundial. Sin embargo, la salsa no nació en el Caribe como muchos piensan sino en el Barrio Latino de Nueva York a finales de los años 60. Puertorriqueños y cubanos nacidos en esa ciudad colaboraron con otros músicos americanos para transformar los diferentes estilos musicales caribeños en algo nuevo. Combinaron los ritmos del son y la rumba cubanos con elementos del jazz, del folclor de Puerto Rico y de otros géneros latinoamericanos.

La salsa se caracteriza por _____ y _____.
La salsa tuvo sus orígenes en _____.

Conclusión

Hoy día la música caribeña goza de gran fama gracias a las canciones y álbumes de artistas como el dominicano Juan Luis Guerra, la cubana Celia Cruz, la cubano-americana Gloria Estefan, el puertorriqueño Ricky Martin y los americanos Tito Puente y Willie Colón. Además, los ritmos e instrumentos de percusión caribeños se han unido a los sonidos de la música pop y del rock internacional, enriqueciendo la música que todos conocemos y disfrutamos.

Hoy día la música del Caribe _____.

Después de leer

Suggestions for 1-18. Group students together to write out responses to questions. Volunteers from different groups present their answers to the whole class. Alternatively, you can assign activities as HW and then go over responses in class.

G **1-18 Comprensión.** Contesten las siguientes preguntas.

1. ¿En qué siglos se crearon las bases de una nueva cultura en las Américas? ¿Que palabra se usa para describir esta nueva cultura? ¿Cuáles son los tres grupos que contribuyeron a la creación de esta nueva cultura?

2. Nombren los instrumentos de percusión usados en la música del Caribe. Nombren algunos de los instrumentos de origen indígena, africano y europeo.

3. Nombren dos bailes caribeños y su país de origen.

4. ¿Dónde y cuándo nació la salsa? ¿Qué es la salsa? ¿Cómo se distingue la salsa de los otros géneros musicales de origen caribeño?

5. Nombren a algunos artistas o grupos actuales que incorporan los ritmos caribeños en sus canciones.

2 **1-19 Definiciones.** Escriban definiciones para tres de las siguientes palabras. Usen el modelo para guiarse.

MODELO:　La güira es un instrumento de percusión de forma cilíndrica u ovalada. Tiene un sonido áspero. Las güiras de metal son ásperas y las que están hechas de calabaza son lisas.

1. la güira
2. las claves
3. el tres
4. la botija
5. las maracas

Note for 1-20. Remind students to use the information presented in the research activity from the *Prepárese para entrar* section. They should be allowed to invent the missing details.

2 **1-20 Diálogos.** Preparen por escrito un diálogo entre uno de los artistas caribeños o americano-caribeños mencionados en la lectura y un(a) admirador(a) de su música.

Preguntas posibles: ¿De dónde es usted?, ¿Cuánto tiempo hace que interpreta la música_____?, ¿Cuál fue el primer disco que grabó? ¿Cuándo se dio a conocer por primera vez?

PASOS A LA ESCRITURA Una carta

Instructions for *Pasos a la escritura.* Introduce new words: *ballenas jorobadas, apareamiento.*

EXPRESIONES ÚTILES

Saludos

Expresiones formales:

Estimados Sres. Marín:
Estimada Sra. Marín:

Expresiones familiares:

Queridos primos:
Mi querida prima:

Introducción

Formales:

Le(s) saludo con atención y respeto y en seguida me permito tratar el asunto principal de esta carta.
Después de saludarlo(la) atentamente, paso a exponerle el asunto y objeto de esta carta.

Familiares:

Espero que al recibo de la presente te encuentres bien en unión de toda la familia.
¡Qué gusto me dio recibir tu carta! Espero que todos estén bien.

Despedidas

Formales:

Atentamente,
Respetuosamente,
Con mi sincero agradecimiento,

Familiares:

Cariñosamente,
Con cariño,
Besos,
Un fuerte abrazo,

Posdata (P.D.)

(Lo que se olvida en el texto de la carta y se añade al final.)

Tema: Escribir una carta

En esta sección, usted escribirá una carta a una familia que lo(la) ha invitado a pasar unas vacaciones en el Caribe. Antes de empezar, escoja una de las situaciones a continuación.

- Unos biólogos marinos, amigos dominicanos de su profesor(a) de español, son residentes de Samaná, una ciudad en la costa nordeste de la isla. Lo(la) han invitado a investigar el hábitat de las ballenas jorobadas, que entre enero y marzo llegan a la bahía en busca de apareamiento.

- Un primo suyo puertorriqueño que vive en San Juan tiene ganas de mostrarle a usted toda la isla, desde la vida nocturna de la capital, hasta los lugares naturales más bellos de su país. La invitación es para el verano.

Prepararse

2 1-21 Preparativos. Discutan todo lo que necesitan saber antes de salir para el Caribe. Luego, anoten las siete u ocho preguntas más importantes que les gustaría hacer a la familia/persona que lo(la) ha invitado.

Suggestion for 1-21. Group students according to the situation they have chosen.

MODELO: ¿Cuál es el nombre del aeropuerto más cercano a su casa? ¿Dónde está? ¿Qué medios de transporte hay para ir del aeropuerto a su casa?

Optional for 1-22. Have students use the Internet to identify possible activities.

1 **1-22 ¡Vamos a pasarlo chévere!** ¿Qué prefiere hacer usted durante sus vacaciones en el Caribe? Haga una lista de actividades posibles y explique por qué le interesan. No olvide pensar en lo que sabe y acaba de aprender sobre el Caribe.

Organizarse

1 **1-23 Escribir un borrador.** Siga los pasos a continuación.

1. En la parte superior derecha de la carta escriba el nombre de su ciudad y la fecha.
2. Escriba un saludo.
3. Escriba el primer párrafo de la carta. Incluya unas oraciones de introducción e indique el propósito de su carta. No olvide agradecerle a la familia su invitación.
4. En el segundo párrafo, pídale(s) la información que quisiera saber.
5. En el tercer párrafo dígale(s) lo que prefiere hacer durante su viaje. No olvide explicarle(s) por qué le interesan estas actividades y añadir cualquier pregunta necesaria.
6. Escriba una conclusión.
7. Escriba una despedida.
8. Incluya también una posdata.

Leer con ojo crítico

Note for 1-24. See *Manual de actividades* for corresponding peer-editing activity.

1 **1-24 ¡Cuidado!** Revise su carta usando las siguientes preguntas para guiarse. Cuando termine, pase la carta en limpio según las instrucciones de su profesor(a).

1. ¿Ha escogido un saludo y una frase final apropiados? ¿Ha escrito una introducción adecuada?
2. ¿Ha incluido toda la información pertinente en cada párrafo? ¿Una variedad de preguntas? ¿Tiene cada párrafo una oración de introducción al contenido?
3. ¿Tienen acentos todos los interrogativos? ¿Ha usado los verbos **ser, estar** y **haber** correctamente? ¿Ha usado infinitivos cuando eran necesarios?

COMPARACIONES CULTURALES
Música para el nuevo milenio

G **1-25 Formas de protesta.** Comenten las siguientes preguntas.

1. ¿Qué formas de protesta conocen ustedes? Hagan una lista.

2. Den un ejemplo específico de una de estas formas de protesta y descríbanla. ¿Contra qué se protesta?

3. En su opinión, ¿hay algunas formas de protesta que no sean apropiadas? ¿Cuáles? Expliquen.

4. ¿Contra qué les gustaría protestar a ustedes? ¿Qué forma de protesta escogerían? ¿Por qué? Expliquen.

Note for *Música para el nuevo milenio.* Background information: *Las nuevas generaciones de músicos caribeños tratan temas sociales: la droga, la prostitución, los prejuicios, la represión por parte de la policía, el deseo de independencia (PR), los problemas de los balseros, la paz mundial, los sueños de un futuro mejor. Sus exponentes más conocidos son Fiel a la Vega, Cultura Profética y Domingo Quiñones (PR); Los Orishas y Lucrecia (C); Esar Simó y Pavel Núñez (RD).*

Información de fondo

"Canción para Vieques"

Fiel a la Vega: Es la banda de rock más importante del Puerto Rico de hoy. Forma parte de la nueva generación de cantantes caribeños. "Canción para Vieques" fue escrita por Tito Auger y Ricky Laureano, los compositores del grupo.

Música para el nuevo milenio: Las nuevas generaciones de músicos utilizan estilos contemporáneos (hip hop, rap, jazz, reggae, rock, ska y ragga) junto a ritmos tropicales tradicionales. Su música llama la atención sobre las experiencias diarias de la vida urbana, la realidad de la juventud y los problemas sociales actuales.

Vieques: Isla puertorriqueña expropiada en gran parte por Estados Unidos en la década de los años treinta y usada como base militar de entrenamiento (prácticas de tiro y de bombardeo desde aviones y barcos). Las consecuencias de este uso incluyen accidentes mortales, una mayor incidencia de enfermedades graves y la destrucción de la economía local, el estilo de vida, los recursos naturales y los sitios arqueológicos. Durante años los puertorriqueños han protestado contra la presencia militar de Estados Unidos en su isla.

Concierto por la Paz de Vieques: Concierto del 11 de noviembre del 2000 en el que participaron estrellas locales e internacionales (Cultura Profética, Fiel a la Vega, Joan Manuel Serrat y Rubén Blades, entre otros) para pedir el cese de los bombardeos de Vieques.

Suggestions for 1-26. Assign two images each to different pairs of students. Have volunteers present their opinions to the whole class for further discussion.

2 **1-26 Prepárense para leer "Canción para Vieques".** Antes de leer, discutan el posible significado de las siguientes imágenes de la canción.

olas de fuego   *velo de miedo*   *bombas de paz*
lluvia de uranio   *escudos de vida*   *latidos de un sueño*

Canción para Vieques
por T. Auger / R. Laureano (Fiel a la Vega)

Cuenta una isla su historia
Envuelta en **olas de fuego**
Todo el camino que da a su historia
Va cubierto con un **velo de miedo.**

Sesenta años despiertos
Por **bombas de paz** en la noche
Acurrucando[1] a los niños con salmos[2]
Al ritmo de detonaciones.

Sesenta años con **lluvia**
De uranio y de municiones
Limpiando ventanas con pólvora sucia
Esperando que el cáncer reaccione.

Y por eso los pescadores
En nombre de sus ilusiones
Anclan[3] sus botes sin camarotes[4]
Al frente de los portaaviones[5].

Y así fue, que su voz, se creció, con tu voz
Y por amar las mismas cosas
Hoy nos tenemos en canción

Pregunta la isla en su historia
¿Por qué han rezagado[6] sus sueños?
Tanques en tierra y buques de guerra
Han vuelto su cielo pequeño.

---

[1] cantarles a los niños para calmarlos y dormirlos
[2] canciones dedicadas a Dios
[3] *anchor*
[4] habitación de un barco
[5] barco de guerra que transporta aviones
[6] *Why have they left their dreams behind?*

Sesenta años de insomnio
Por entrenar ciudadanos
Que van a luchar por una paz mundial
Disfrutada por otros seres humanos.

Y por eso mujeres y hombres
Se vuelven **escudos**[7] **de vida**
Y pueblan las playas prohibidas y encallan[8]
Con todas las verdades unidas.

Y así fue, que su voz, se creció, con tu voz
Y por amar las mismas cosas
Hoy nos tenemos en canción.

Y los **latidos**[9] **de un sueño,** se levantan así
La razón y el respeto, se levantan así
Las visiones de un pueblo, se levantan así
La fe y el amor propio, se levantan así
Los cuentos milagrosos, se levantan así
Los futuros valiosos, se levantan así...

Y así fue, que su voz, se creció, con tu voz
Y por amar las mismas cosas
Hoy nos tenemos en canción.

---

[7] arma defensiva de metal que se lleva enfrente del cuerpo
[8] *run aground (fig., They plant themselves on the beach and refuse to move.)*
[9] movimiento rítmico del corazón

Note for 1-27. A few possible answers to question 8 include burial of radioactive waste, medical waste disposal, nuclear power plants, and transportation of weapons near populated areas.

2 **1-27 Conclusiones.** Contesten las siguientes preguntas sobre la canción.

1. ¿Cuánto tiempo hace que la marina estadounidense bombardea la isla?
2. Según la canción, ¿cuáles son algunas de las consecuencias psicológicas y físicas de esta situación?
3. ¿Qué formas de protesta se describen en la canción (versos 13–16 y versos 28–31)?
4. Piensen en la imagen de los botes de los pescadores frente a los portaaviones. ¿Cómo interpretan ustedes esta imagen?
5. ¿A qué y a quién(es) se refiere el estribillo (versos 17–19)?
6. ¿Por qué no puede disfrutar de la paz mundial la gente de la isla?
7. ¿Qué impresión les da esta canción? ¿Hay un mensaje de esperanza o de desesperanza? Justifiquen sus respuestas.
8. ¿Qué políticas gubernamentales han afectado de una manera semejante a los ciudadanos de su país? ¿Han protestado los ciudadanos? ¿De qué manera?

ESCENARIOS   **Una canción de protesta**

Note for 1-28. See IRM 1-3 for handouts for this activity.

G **1-28 Pasos para la canción de protesta.** En grupos de cuatro o cinco, sigan estos pasos para inventar una canción de protesta.

Paso 1: Lluvia de ideas. Comenten problemas del mundo, de su país, de su estado, de su ciudad o de su universidad que les preocupan y decidan cuál será el tema de su canción de protesta. Luego apunten las ideas básicas que les gustaría presentar en la canción y decidan qué estilo musical y qué instrumentos expresarían mejor sus sentimientos. Finalmente, escojan un título llamativo para la canción.

Paso 2: ¡A inventar! Escriban la letra de la canción. Debe tener 6 líneas, con un coro que se repite después de cada línea. Apúntenla en la hoja que les dará su profesor(a).

Paso 3: La carátula. Diseñen la carátula del álbum. ¿Tendrá fotos?, ¿dibujos?, ¿de qué?, ¿qué colores predominarán? Dibújenla en la hoja que les dará su profesor(a). Luego preparen un pequeño párrafo de introducción para el dorso de la carátula. Incluyan información sobre el tema, el estilo, los instrumentos y los cantautores (ustedes).

Paso 4: Presentación. Presenten su canción enfrente de la clase. Si quieren, usen instrumentos musicales.

COMUNIDADES   **Conexiones con el mundo**

1 **1-29 Cantantes, películas y bailes caribeños**

- Escríbale una carta a un(a) cantante caribeño(a) haciéndole preguntas sobre su carrera. Si recibe una respuesta, compártala con la clase.

- Vea una película caribeña como *Buena Vista Social Club* (Cuba), *Cuatro hombres y un ataúd* (República Dominicana), *Lamento borincano* (Puerto Rico), u otra, y comparta su opinión sobre ella con la clase.

- Aprenda los pasos de un baile caribeño y enséñeselos a sus compañeros.

Vocabulario

Los cinco sentidos

El olfato
¿A qué huele?,
  ¿Cómo huele?
apestar
huele bien / mal
huele a… tabaco,
  sudor, etc.
es… maloliente /
  fragante
tiene un olor feo /
  desagradable

El oído
¿Cómo suena?,
  ¿Qué sonido tiene?
Tiene un sonido fuerte /
  suave
Es… agudo / grave

  alto / bajo
  ruidoso(a)
suena como
tener un sonido fuerte /
  suave

El tacto
¿Cómo es al tacto?
Es…, Está…
  duro(a) / suave
  húmedo(a)
  liso(a) / áspero(a)
  pegajoso(a)
  puntiagudo(a)
  resbaladizo(a),
    resbaloso(a)
  seco(a) / mojado(a)

El gusto
¿A qué sabe?,
  ¿Qué sabor tiene?
Tiene un sabor…
  agrio
  amargo
  dulce
  fuerte
  salado

The Five Senses

Smell
What does it smell like?

to stink
it smells good / bad
it smells like tobacco /
  sweat, body odor, etc.
it is smelly, stinking /
  fragrant
it has a bad /
  unpleasant smell

Hearing
What does it sound like?
  How does it sound?
It has a loud / soft
  sound
It is high-pitched, sharp,
  high / deep, low;
  high / low;
  noisy
it sounds like
to have a loud/soft
  sound

Touch
What's it feel like?
It is . . .
  hard / soft
  damp
  smooth / rough
  sticky, slimy
  sharp-edged, pointed
  slippery

  dry / wet

Taste
What does it taste like? /
  What flavor does it have?
it has a . . . taste
  sour
  bitter
  sweet
  strong
  salty

Sabe a… quemado,
  chocolate
Es…, Está…
  crujiente
  jugoso(a)

La vista
La forma
  ¿Cómo es?,
  ¿Qué forma tiene?
  Tiene forma…
    irregular, cilíndrica
  Es…
    cuadrado(a)
    ovalado(a)
    redondo(a)

El tamaño
  ¿Qué tamaño tiene?,
  ¿Qué tan grande es?
  (Méx.)
Es…
  ancho(a) / estrecho(a)
  diminuto(a) /
    gigantesco(a)

El color
  ¿De qué color es?
  Es de un color… azul,
    verde, etc., claro(a) /
    oscuro(a)
  Es un color… pálido /
    vivo
  Es… opaco(a) /
    transparente
  Es… plateado(a)/
    dorado(a)

It tastes like something
  burnt, chocolate
It is . . .
  crunchy
  juicy

Sight
form, shape
  What is it like?
  What shape does it have?
It has an irregular,
  cylindrical shape
It is . . .
  square
  oval
  round

size
  How big is it?

It is . . .
  wide / narrow
  tiny, huge

color
  What color is it?
  It is a light / dark blue,
    green, etc.

  It is a pale /
    bright color.
  It is opaque /
    transparent.
  It is silver-colored,
    golden.

Paisajes

PORTAL AL CAPÍTULO

En este capítulo usted aprenderá el vocabulario necesario para hablar de la variada geografía del mundo que nos rodea. Al mismo tiempo llegará a conocer los fascinantes países andinos. Antes de comenzar, considere estas preguntas.

Suggestions for *Portal al capítulo*.
(1) **La geografía:** Write the geographical formations that students suggest on the board. Follow up with questions about formations found in other regions of the country. Use a map to point out the Andes, major rivers, Lake Titicaca, the Atacama desert, Patagonian pampas, the location of glaciers, etc. (2) **Los países andinos:** On the map, point out the countries as students mention them. Highlight languages spoken: Spanish, Quechua, Guaraní, Mapadungún, Aymara.

LA GEOGRAFÍA

¿Qué formaciones geográficas se encuentran en la región donde usted vive?
¿Qué formaciones geográficas asocia usted con el continente de Sudamérica?

LOS PAÍSES ANDINOS

¿Cuáles son los países andinos? ¿Por qué se llaman andinos? ¿Qué idioma(s) se habla(n) allí? ¿Puede nombrar algunas ruinas incas?

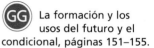

G **3-12 Rumbo a la aventura.** Lean el aviso sobre la Expedición Francisco de Orellana. Luego discutan sus respuestas a las preguntas que siguen.

1. ¿Qué deberán hacer los estudiantes que quieren intervenir en el concurso?
2. ¿Por qué se le llamaría el Preguntador a Francisco Hernández?
3. ¿Qué aprenderán los estudiantes durante la expedición?
4. ¿Dónde se presentarán los trabajos escritos?
5. ¿Qué harán los expedicionarios?
6. ¿Cuáles de los tres temas escogerían ustedes y por qué?
7. ¿A quiénes les pedirían cartas de recomendación y por qué?

 La formación y los usos del futuro y el condicional, páginas 151–155.

Note for 3-12. On his first voyage Columbus landed on Guanahani Island, which he named San Salvador, and explored Cuba and Haiti. On his second trip he discovered Puerto Rico and Jamaica; on the third voyage he reached the coast of Venezuela.

2 **3-13 ¡Preparémonos!** Terminen la lista de lo que tendrán que hacer antes de salir para la selva amazónica. Cuando terminen comparen su lista con las de otros estudiantes.

 La formación y los usos del futuro, páginas 151–153.

Para hacer

1. Primero investigaremos la vida de Francisco Hernández, el Preguntador y escribiremos un trabajo sobre sus contribuciones a la ciencia.
2. Mi compañero(a) alquilará un video sobre la selva amazónica y lo miraremos en mi casa.
3.
4.
5.
6.
7.
8.

G **3-14 Peligros e incomodidades.** Lean la siguiente lista de los peligros e incomodidades posibles en una expedición por la selva. Usen la escala para indicar su reacción personal al grado de inconveniencia y/o peligro. Luego, comparen y expliquen sus reacciones.

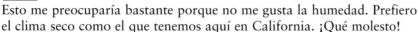 La formación y los usos del condicional, páginas 153–155.

MODELO: __3__ la continua humedad
Esto me preocuparía bastante porque no me gusta la humedad. Prefiero el clima seco como el que tenemos aquí en California. ¡Qué molesto!

Escala:

1. _____ las fuertes lluvias ecuatoriales
2. _____ la marcha por la selva
3. _____ los numerosos mosquitos
4. _____ las serpientes como boas y anacondas
5. _____ la navegación por el río Amazonas
6. _____ los animales (pirañas y cocodrilos)
7. _____ las plantas venenosas
8. _____ la ausencia de baños

1. No me parecería(n) tan problemático/a(s).
2. Esto sí me preocuparía un poco.
3. Esto me preocuparía bastante.
4. Esto me pondría muy nervioso(a).
5. ¡Me aterrorizaría(n)!

G **3-15 ¿Que haríamos?** Lean las situaciones que siguen. Entre todos, decidan qué harían en cada caso. Luego, compartan sus ideas con la clase.

MODELO: Están cruzando el río Amazonas en canoa cuando de pronto, ven un cocodrilo.
Trataríamos de capturar el cocodrilo. Entonces Miguel prepararía un fuego y lo asaríamos. Finalmente lo comeríamos. ¡Qué delicioso!

1. Están dormidos en sus tiendas de campaña. Alguien del grupo se despierta notando un ruido extraño. Sale de su tienda y ve un jaguar.

2. Todo el día llovió. Ya es de noche y sigue lloviendo y todas las carpas tienen agujeros por donde está entrando el agua.

3. Los mosquitos pican y pican. Los insecticidas que traían para protegerse contra las picaduras no sirven en la selva amazónica.

4. Su guía se enfermó. ¿Comería algo venenoso? El pobre está delirando.

GG Las preposiciones, páginas 155–156.

Follow-up for 3-16. After completing exercise, students close book and retell story in their own words.

1 **3-16 Una carta.** Aquí tiene usted una carta escrita el año pasado por uno de los expedicionarios. Complétela con las preposiciones que faltan: *a, de, en, con.*

Querida Ana:

Aquí estoy __en__ medio __de__ la selva __con__ mis compañeros de expedición. __En__ mi ultima carta ya te hablé __de__ Hans, el inquisitivo y atrevido muchacho __de__ Alemania. Ayer Hans insistió __en__ nadar en el río. No nos dimos cuenta __de__ que él había entrado __en__ el agua. Eran las seis __de__ la mañana y estábamos todos muy ocupados, recogiendo las carpas y los utensilios que acabábamos __de__ usar para preparar el desayuno. De pronto oímos los gritos alarmados __de__ nuestro legendario y hábil guía, Héctor Amaselvas. Había varias pirañas que se acercaban rápidamente __a__ donde estaba Hans. El señor Amaselvas se echó __a__ correr para ayudar al pobre Hans cuya vida estaba __en__ peligro. Dejé __de__ recoger mi carpa, me puse __de__ pie y me apresuré a llegar __a__ la orilla. En ese momento salía Hans __del__ (el) agua tan contento y como si nada. "¿Qué ocurre?", nos preguntó. "¿Por qué me gritan?" Tratamos __de__ explicarle que habíamos visto pirañas, pero cuando volvimos __a__ mirar hacia el río ya no estaban allí las pirañas. Cada vez que pienso __en__ ese día siento un miedo terrible. ¿Y Hans? Se ríe __de__ nosotros cuando le decimos que casi se lo comieron unas pirañas. Te escribiré en unos días con más noticias sobre nuestra increíble aventura.

Con cariño,
Felipe

REFLEXIONES

 LECTURA

Historia de las Indias: "La rebelión de Enriquillo"

Antes de leer

G **3-17 La injusticia.** Comenten sus respuestas a las siguientes preguntas.

1. ¿Qué harían ustedes si vieran los siguientes casos de injusticia? ¿Los denunciarían? ¿Intervendrían? ¿Reportarían el caso a las autoridades? ¿Escribirían un artículo para el periódico?

    a. Unos padres le pegan a su hijo(a).

    b. Alguien escribe un epíteto racial en la puerta de su residencia estudiantil.

    c. Un compañero de trabajo roba cosas de la oficina

    d. Un(a) compañero(a) de clase copia las respuestas de otro estudiante en el examen final.

2. ¿Han visto ustedes algún caso de injusticia? ¿Qué hicieron?

3. ¿Ha sido usted víctima de la injusticia? ¿Se quejó? ¿Qué hizo? ¿Qué pasó?

GALERÍA CULTURAL

Fray Bartolomé de las Casas

En sus relatos los cronistas solían señalar los defectos de los indios. Hablaban de sus prácticas y costumbres violentas, su subyugación de tribus enemigas y su matanza de otras. Fray Bartolomé de las Casas, en cambio, documentó los muchos abusos cometidos por los españoles contra los indios como, por ejemplo, la esclavitud, el maltrato físico, las violaciones de mujeres y los robos. En la *Historia de las Indias* (1527), De las Casas defendió al indio y puso énfasis en sus buenas cualidades. Denunció las injusticias y la falta de libertad y predicó una evangelización pacífica de las civilizaciones americanas. Aunque las denuncias en su *Brevísima relación de la destrucción de las Indias* (1552) reflejaban la realidad en parte, hoy día la crítica considera que las exageró. Esta versión antiespañola de la colonización dio lugar a la **leyenda negra**, la cual fue usada por los enemigos de España para señalar su crueldad.

G **3-18 La rebelión.** Usen la información que acaban de leer en la **Galería Cultural** junto con el título de la lectura y el dibujo en la página 71 para imaginarse las respuestas a las siguientes preguntas. Luego comparen sus ideas con las de sus compañeros.

1. ¿Quién es Enriquillo?
2. ¿Por qué se rebela? ¿Contra quién?

Diccionario en breve

repartimiento:	un sistema para repartir grupos de indios entre los colonizadores, para que éstos los utilizaran en labores agrícolas y mineras.
Real Audiencia:	órgano judicial que escuchaba quejas y decidía los casos legales en los territorios españoles.
caribe:	un pueblo indígena que en la época del descubrimiento de América vivía en las Antillas.
asaltar:	atacar

Reading: Students read *Estrategia de lectura Nº 3* in *Al estudiante.* Bring the bolded words in the reading to their attention. Assign reading as HW. Suggest that students do 3-19 as they read.

 Antes de comenzar: Lea la *Estrategia de lectura N° 3* en la sección *Al estudiante.*

Al leer: Para comprender el significado de las palabras escritas en letra negrita, preste atención al contexto

Un resumen de "La rebelión de Enriquillo"
(*Historia de las Indias*)

Enriquillo

Vivía en la Española un indio caribe llamado Guarocuya, nacido en la provincia de Xaraguá. Después que murieron sus padres, lo criaron unos frailes dominicos en un monasterio español en la villa de Vera Paz. Los frailes lo bautizaron con un nombre cristiano, Enrique, lo educaron y le instruyeron en la fe católica y en las costumbres españolas. Con los frailes, Enriquillo aprendió a ser buen cristiano.

Enrique, como su papá anteriormente, era **cacique** y señor de la provincia de Xaraguá. Era un líder respetado por su buen carácter e inteligencia. Por el año 1519, él y sus hombres servían a don Francisco Valenzuela, tiránico y **despiadado** español que tenía un repartimiento de indios en San Juan de la Maguana. Enriquillo, siempre respetuoso, sufrió la injusta **servidumbre** y los abusos con paciencia. Pero se le acabó la paciencia cuando Valenzuela robó su animal más preciado, una **yegua**, y trató de violar a su esposa.

La rebelión

Cuando Enriquillo se quejó de los abusos cometidos, Valenzuela lo **golpeó** violentamente en todo el cuerpo, insultándolo mientras lo hacía. El cacique, que era un hombre racional, fue al teniente de gobernador y también a la Real Audiencia para pedir justicia por la ley, pero no le dieron satisfacción. El primero lo encarceló. Y el segundo, aunque le dio una carta de favor, lo mandó de vuelta a hablar con el teniente de gobernador. Enriquillo descubrió lo que habían descubierto otros: el sistema legal de la Española era injusto y corrupto.

Enriquillo, el primer héroe de las Américas

Enriquillo decidió rebelarse pacíficamente: simplemente no fue a trabajar. Sus indios y él **huyeron** de sus crueles enemigos, escondiéndose en las montañas. Y desde allí se defendían cada vez que los españoles los atacaban.

Duró la guerra más de diez años, aunque se puede decir que no fue propiamente guerra sino autodefensa. Enrique organizó un ejército muy grande de indígenas, enseñándoles a pelear y a defenderse. Sin embargo, nunca permitió que asaltaran a los españoles. Solamente les permitió defenderse. Cuando **derrotaban** a sus enemigos, podían desarmarlos, pero tenían que liberarlos.

La rebelión de Enriquillo motivó a otros indígenas a levantarse también, pero estos valientes y atrevidos indios no tenían ni el carácter ni la educación que tenía el cacique caribe. Hicieron mucho daño en la isla, destruyendo muchas estancias, robando armas y ropa y matando a todos los que pudieron. El prudente y civilizado Enrique los convenció de que serían más fuertes juntos. Y de esa manera pudo evitar la muerte de más españoles y la destrucción de la isla.

La paz

Los españoles hicieron muchos intentos de pactar la paz con Enriquillo, pero el cacique siempre **rechazaba** sus tentativas. No quiso pactar con los bárbaros que habían matado a su padre y abuelo, y que sólo venían a cautivarlo y a hacer que viviera la vida en servidumbre.

Finalmente, en 1528 Enrique aceptó hablar con Hernando de San Miguel, hombre de bien, hábil y honrado. Este capitán traía poder de la Real Audiencia para hacer las paces con Enrique y su gente. Hernando les prometió total libertad a cambio de la **devolución** del oro que los indios les habían robado a los españoles. Enriquillo aceptó, y desde aquel día no hubo más problemas entre Enrique y los españoles.

Después de leer

Suggestions for 3-19. Ask students to explain what phrases helped them figure out the meaning of the bolded words.

1 **3-19 Usando el contexto.** ¿Qué palabra no pertenece a la serie?

1. cacique	(animal)	indio	líder
2. despiadado	inhumano	cruel	(compasivo)
3. servidumbre	esclavitud	sumisión	(liberación)
4. yegua	(insecto)	animal	caballo
5. quejarse	(aceptar)	reclamar	protestar
6. golpeó	lastimó	maltrató	(abrazó)
7. huyeron	escaparon	(se quedaron)	corrieron
8. derrotaban	conquistaban	(perdían)	dominaban
9. rechazaba	se oponía	no aceptaba	(recibía)
10. devolución	(robo)	restitución	reintegro

2 **3-20 ¿Qué diría De las Casas?** Indiquen cuáles de los siguientes adjetivos De las Casas asociaría con Enriquillo (EN) y cuáles con los españoles (ESP). En cada caso, justifiquen su respuesta con un ejemplo.

1. _____ avaricioso(s)   6. _____ pacífico(s)
2. _____ cruel(es)   7. _____ racional(es)
3. _____ determinado(s)   8. _____ respetuoso(s)
4. _____ injusto(s)   9. _____ tiránico(s)
5. _____ paciente(s)   10. _____ violento(s)

2 **3-21 Dramatización.** Dramaticen la conversación entre Enriquillo y el teniente de gobernador, teniendo en cuenta los sucesos del relato.

2 **3-22 ¡A pensar!** Comenten sus respuestas a las siguientes preguntas.

1. ¿Cuál es la diferencia entre Enriquillo y los otros indios, según De las Casas? ¿Qué importancia tiene esta diferencia en la historia?
2. Según Bartolomé de las Casas, ¿quién representa los verdaderos valores de la civilización española? Expliquen.
3. ¿Qué tipo de evangelización promueve De las Casas?

◄◄ Expansión del tema ►►

¿Por qué piensan ustedes que ninguno de los gobernantes ayudó a Enriquillo? ¿Hizo bien él en levantarse contra los españoles? Expliquen. ¿Han tenido ustedes la experiencia de quejarse a varias personas sin recibir ayuda? ¿Cuál fue su reacción?

✏ PASOS A LA ESCRITURA La narración

Tema: La narración

En esta sección, ustedes se imaginarán que trabajan para una casa editorial que publica enciclopedias. Su trabajo consistirá en investigar y escribir artículos sobre la historia del descubrimiento de diferentes lugares. Las actividades les ayudarán a organizar y reportar clara y lógicamente la información que presentan.

Prepararse

G 3-23 Antes de empezar. Escojan un lugar en su estado cuya historia les gustaría investigar.

G 3-24 ¡Lluvia de ideas! Usen la hoja que les dará su profesor(a) para generar ideas sobre los exploradores, pobladores y el lugar escogido. Completen los esquemas apuntando sus ideas en los espacios entre las figuras geométricas. Usen su imaginación e incluyan el máximo numero de detalles descriptivos posibles.

Suggestions for 3-24. Give students IRM 3-2 containing the visual diagrams.

G 3-25 Los eventos principales. Inventen los 6 ó 7 eventos más importantes de la historia del descubrimiento de este lugar. Escriban los eventos en orden cronológico usando las siguientes preguntas para guiarse.

1. ¿De dónde salieron los exploradores? ¿Cuándo?
2. ¿Cómo llegaron a este lugar? ¿Cuánto tiempo duró el viaje?
3. ¿Exploraron otras áreas antes de descubrir y establecerse en _____?
4. ¿Qué encontraron en este lugar? ¿Cómo reaccionaron?
5. ¿Qué hicieron primero cuando llegaron a _____? Y después, ¿qué hicieron?
6. ¿Cómo cambiaron el lugar que poblaron? (Piensen, por ejemplo, en los productos nuevos que introdujeron.)

Suggestions for 3-25. Remind students that the questions in 3-25 are a guide for building their narration and for logically ordering the events in a time sequence.

Organizarse

G 3-26 ¡Compartamos el trabajo! El director de la casa editorial ha decidido que cada uno de ustedes debe escribir una sección del artículo de la enciclopedia. Decidan quiénes escribirán las diferentes secciones del artículo. Estas secciones incluyen:

Suggestions for 3-26. Set a reasonable deadline for individual sections (no more than a week). Tell students to prepare copies of their paragraph for you as well as for each group member to facilitate the peer editing process.

- la introducción: un párrafo que contiene la información básica sobre los exploradores

- el desarrollo: uno o dos párrafos que narran la historia del descubrimiento

- la conclusión y el título: un párrafo que explica la importancia o el impacto del descubrimiento y un título que capte el interés del lector

1 **3-27 ¡Preparemos el borrador!** Prepare la sección asignada utilizando la información generada en las actividades anteriores. Consulte un diccionario cuando sea necesario y use algunas de las siguientes expresiones adverbiales para controlar la secuencia y organización de los datos y detalles presentados.

desgraciadamente (desafortunadamente)
en primer lugar
naturalmente
no obstante
para empezar
por eso
por fin
por lo tanto
sin embargo
sin lugar a duda

Leer con ojo crítico

Suggestions for 3-28. Be sure to give them plenty of time to complete final editing in class. Have each group select one or two lead "editors" responsible for constructing the final draft.

G **3-28 ¡Cuidado!** Revisen su artículo usando las siguientes preguntas para guiarse. Cuando terminen, pásenlo en limpio según las instrucciones de su profesor(a).

1. ¿Han incluido toda la información pertinente en la introducción? ¿Falta algo?
2. ¿Han incluido todos los detalles necesarios en cada párrafo? ¿Qué falta?
3. ¿Han usado el vocabulario clave? ¿Han incluido expresiones adverbiales?
4. ¿Han usado los verbos **ser, estar** y **haber** correctamente? ¿los adjetivos? ¿el pretérito y el imperfecto?
5. ¿Les parece adecuada su conclusión? ¿Qué falta?
6. ¿Han usado un diccionario parra corregir problemas de ortografía y acentuación?
7. ¿Le han puesto un título a su artículo? ¿Capta la atención? ¿Es demasiado general?

COMPARACIONES CULTURALES

Sincretismo y mestizaje cultural en Guatemala

G **3-29 Celebraciones.** Contesten estas preguntas.

1. ¿Qué días feriados celebran ustedes?
2. ¿Conocen la historia de estas celebraciones? ¿Cuáles se originaron en el país donde ustedes viven? ¿Cuáles fueron introducidas por inmigrantes de otros países?

Preview for 3-29. Have students use the Internet to research the history of some of the major celebrations of their country, for example, Christmas, Easter, Ramadan, Hanukkah.

Información de fondo

Sincretismo y mestizaje cultural en Guatemala

El sincretismo: la fusión de prácticas religiosas de diversas culturas

Historia de la evangelización en Guatemala durante la conquista: En Mesoamérica, los misioneros encontraron un pueblo fuertemente espiritual que practicaba una religión politeísta basada en la personificación de la naturaleza. Los misioneros trataron de usar las semejanzas entre el catolicismo y la religión maya para acelerar el proceso de evangelización. Reemplazaron los rituales y fiestas dedicados a las deidades mayas con fiestas católicas y trataron de sustituir a los dioses indígenas por santos católicos. Como consecuencia de esto, los santos llegaron a tener rasgos de la personalidad de los dioses mayas. Al mismo tiempo, los rituales mantuvieron, en gran parte, su propósito de aplacar[1] a las deidades (los santos). Hoy día, en Guatemala, los mayas practican una religión basada tanto en las antiguas prácticas precolombinas como en el catolicismo.

El mestizaje cultural: la fusión de elementos de dos o más culturas.

Semana Santa: Ésta es una de las celebraciones más importantes del año entre los guatemaltecos, sean indígenas o ladinos.[2] Tiene su origen en las celebraciones de Semana Santa en España, cuando se recordaba la muerte y resurrección de Jesucristo con procesiones. Se sigue celebrando por la misma razón en Guatemala, pero hoy día tiene elementos esencialmente guatemaltecos, resultado del proceso de mestizaje cultural.

Introducing the *Información de fondo.* Have students look back at the opening picture of the Iglesia of San Lorenzo in Bolivia and help them recall how it represents an example of *mestizaje cultural.*

---

[1] *to placate*
[2] mestizos que sólo hablan español

Semana Santa en Guatemala

Las procesiones: Durante la Semana Mayor (la Semana Santa), se realizan procesiones por las calles de los pueblos y ciudades. Los cucuruchos, hombres vestidos de morado, cargan andas[1] decoradas con imágenes que representan al Cristo crucificado. Algunas de las imágenes son esculturas muy antiguas de la época colonial. En Guatemala, la Dolorosa[2] es cargada exclusivamente por mujeres. Se queman incienso y mirra al paso de la imagen por alfombras espléndidas. El día después de que terminan las procesiones, la gente empieza a planificar las ceremonias de nuevo.

Las alfombras: En tiempos prehispánicos, en ciertas ceremonias se solía alfombrar el camino de los sacerdotes de flores, de pino y de plumas. En Jerusalén, se recibió a Jesucristo con alfombras de palma. En España, en tiempos antiguos se elaboraban alfombras ceremoniales de tierras de colores y plantas. En Guatemala, estas tradiciones se mezclaron para formar la costumbre de hacer alfombras para el paso de las andas. Se utilizan pino, flores, semillas, hojas, aserrín teñido,[3] frutas, legumbres, cáscaras de huevo y hasta panes. Los diseños pueden ser clásicos, con figuras que aluden a Cristo, o pueden incorporar elementos tradicionalmente guatemaltecos, como figuras de loros o símbolos prehispánicos. Se hacen de forma colectiva, por cuadras y por familias completas.

La música: Una banda marcial acompaña a la procesión, tocando marchas fúnebres. Aunque son de origen español, en Guatemala las marchas fúnebres se han convertido en auténtica música popular, compuesta por reconocidos compositores guatemaltecos. En algunos pueblos y barrios, instrumentos prehispánicos, como el tambor, el pito y la chirimía[4] anuncian la llegada de la imagen de Cristo.

La comida: Durante la Semana Santa, se preparan comidas tradicionales de la época. Algunas son procedentes de España, como el bacalao[5] a la vizcaína, torrejas[6] de pan y huevo, y garbanzos, mientras otras son típicamente guatemaltecas, como el dulce de camote o de ayote.[7]

El culto a Maximón: Maximón, probablemente una fusión del dios maya Mam y del santo católico Simón, es el santo protector del pueblo maya de Santiago Atitlán. Todo el año, el ídolo de madera reside en la casa de algún miembro principal de la comunidad. Allí la gente llega a pedirle favores a cambio de cigarros, dinero, licor y otras cosas. Se viste a Maximón con ropa típica de los indígenas, pero también con ropa europea y siempre con un cigarro en la boca. En la tarde del Viernes Santo, el pueblo tiene dos procesiones, una de Jesús, y una de Maximón.

---

[1] *portable platform*
[2] imagen de la Virgen María
[3] *dyed sawdust*
[4] instrumento musical de viento, hecho de madera, al modo de clarinete
[5] *cod*
[6] *strips of fried bread dipped in milk or wine and sweetened with honey or sugar*
[7] calabaza

Una procesión de Semana Santa en Antigua, Guatemala

Una alfombra

Maximón, santo protector de Santiago de Atitlán

2 **3-30 Comprensión.** Marquen la(s) respuesta(s) correcta(s).

1. Los indios de Mesoamérica…
    (a.) adoraban a muchos dioses.
    b. no eran muy espirituales.
    (c.) basaban su religión en la personificación de la naturaleza.

2. Los misioneros…
    a. empezaron a adorar a los dioses mayas.
    (b.) trataron de reemplazar los dioses y ritos de la religión maya con cosas semejantes de la religión católica.
    c. destruyeron por completo la religión maya.

3. La religión practicada por los mayas hoy día…
    (a.) combina elementos de las prácticas precolombinas con otras católicas.
    b. es cien por ciento católica.
    (c.) es una consecuencia del proceso de mestizaje cultural.

4. Las celebraciones de Semana Santa en Guatemala…
    (a.) se originaron en España.
    (b.) tienen elementos españoles y guatemaltecos.
    c. no son de gran importancia.

5. En las procesiones de Semana Santa en Guatemala…
    a. los cucuruchos cargan a la Dolorosa.
    (b.) hay bandas marciales.
    (c.) se cargan imágenes religiosas en andas decoradas.

6. Las alfombras de Semana Santa…
    (a.) son un verdadero ejemplo del mestizaje cultural.
    (b.) se hacen de elementos naturales.
    (c.) se hacen entre grupos de personas.

7. Maximón…
    (a.) probablemente representa a un santo católico con rasgos de la personalidad de un dios maya.
    b. es un líder indígena a quien le gusta fumar y tomar.
    (c.) es adorado en Santiago Atitlán durante todo el año, pero especialmente en Semana Santa, cuando tiene su propia procesión.

G 3-31 Comparaciones. Contesten las siguientes preguntas.

1. ¿Se hacen procesiones en su país o región? ¿Cuándo? ¿Para qué? ¿Cuál es su origen?

2. En su país o región, ¿qué celebración se planifica de forma colectiva y con mucha anticipación? Descríbanla.

3. ¿Son tradicionales las recetas que su familia usa para preparar comidas festivas? ¿Cuál es su origen?

4. ¿Hay celebraciones en su país o región que sean un ejemplo del mestizaje cultural? Expliquen.

Note to 3-31. An example of a celebration that is planned and carried out collectively in the U.S. is the Rose Bowl Parade.

ESCENARIOS **Exploradores de nuevos mundos**

G 3-32 Pasos para la presentación. Imagínense que ustedes son exploradores que hacen una expedición a un nuevo mundo. Al regresar a la Tierra, dan a conocer su descubrimiento en una presentación ante el presidente y otros altos funcionarios de su país. En grupos de cuatro, sigan estos pasos para preparar su presentación.

Suggestions for 3-32. You will need to give students 15–30 minutes in each of three class sessions to carry out this activity. Day 1: Give students 15 minutes to discuss questions and divide up work. Day 2: Give the groups 20–30 minutes to present their results within their group and to plan and practice their presentation. Day 3: Groups present their discovery. The class gives reasons that the government should or should not subsidize future expeditions for the group.

Paso 1: Lluvia de ideas. Contesten estas preguntas para ayudarse a formular sus ideas.

El viaje: ¿Por qué decidieron hacer el viaje? ¿Adónde fueron? ¿A un nuevo planeta? ¿A un mundo marítimo escondido? ¿ A un mundo subterráneo? ¿Qué modo de transporte usaron? ¿Cuánto tiempo duró el viaje?

La exploración: ¿Qué vieron? Qué descubrieron? ¿Encontraron nuevos alimentos, minerales u otras sustancias? ¿Cómo era el lugar que descubrieron? ¿Había ciudades? ¿Cómo eran?

Los exploradores: ¿Cómo son ustedes, los exploradores? ¿Cómo se llaman? ¿Cómo es la personalidad y la apariencia de cada uno de ustedes? ¿Qué hizo cada uno durante la exploración?

Los habitantes: ¿Cómo era la apariencia de los habitantes? ¿Cuál fue su reacción al verlos a ustedes? ¿Pudieron ustedes conversar con ellos? ¿Qué dijeron? ¿Encontraron animales? ¿Cómo eran?

El futuro: ¿Por qué piensan ustedes que el gobierno de su país debe subvencionar un nuevo viaje de exploración al mismo lugar? ¿Hay riquezas? ¿Tienen conocimientos útiles los habitantes?

Paso 2: Preparación. Dividan el trabajo entre los miembros del grupo. Cada uno debe presentarse a sí mismo y también presentar uno de estos temas: el viaje, la exploración, los habitantes, el futuro. La presentación se puede organizar según el orden que les parezca más adecuado.

Paso 3: Presentación. Presenten su descubrimiento ante el presidente y otros (la clase). Después de la presentación, ellos decidirán si vale la pena subvencionarles un segundo viaje.

COMUNIDADES   **Conexiones con el mundo**

1 **3-33 Prácticas, encuentros y crónicas de hoy día**

- Vea una de estas películas: *Aguirre, the Wrath of God*, o *1492*. Luego describa por escrito a los exploradores. Dé ejemplos específicos. Entréguele la descripción a su profesor(a).

- En clase, presente un informe oral de menos de 5 minutos sobre las celebraciones de Semana Santa en España o en algún país latinoamericano.

- Identifique algunos ejemplos del mestizaje cultural en su ciudad, región o estado y comente sus consecuencias positivas.

Vocabulario

El legado del Nuevo Mundo

Animales:
el conejillo de Indias (el cuy)
el pavo

Cultivos y alimentos:
el aguacate
el cacahuate (el maní)
el cacao
la calabaza
el camote
el frijol
el tabaco
la vainilla
el maíz

Hierbas medicinales:
la zarzaparrilla

Metales preciosos:
el oro
la plata

El legado del Viejo Mundo

Animales:
la cabra (el chivo)
el ganado
la oveja
la gallina
el cerdo

Árboles frutales:
el limonero
el manzano
el naranjo
el olivo
la caña de azúcar
el trigo
el arroz
armas de fuego
la imprenta
herramientas de hierro

New World Legacy

Animals:
guinea pig

turkey

Crops and foods:
avocado
peanut
cocoa
pumpkin, gourd
sweet potato
bean
tobacco
vanilla
corn

Medicinal herbs:
sarsaparilla

Precious metals:
gold
silver

Old World Legacy

Animals:
goat
cattle
sheep
hen
pig

Fruit trees:
lemon tree
apple tree
orange tree
olive tree
sugar cane
wheat
rice
firearms
printing press
iron tools

Descubrimiento y exploración
la aventura
la búsqueda
el comercio:
  comerciar
desconocer:
  desconocido(a)
el dominio:
  dominar
la conquista:
  conquistar
las riquezas:
  enriquecerse

la leyenda: legendario(a)
el peligro (riesgo)
el Oriente: oriental
el Occidente: occidental

Personajes y rasgos personales
el descubridor
el europeo
el explorador
el guerrero
el habitante
el indígena
el navegante
ambicioso(a) / modesto(a)
atrevido(a) / cobarde
autoritario(a)
avaricioso(a)
barbudo(a)
carismático(a)
persistente / indeciso(a)
hábil
inquisitivo(a)
rebelde / conformista
valiente
violento(a) / pacifico(a)

Discovery and Exploration
adventure
search, quest
commerce:
  to trade
to ignore: unknown

dominion:
  to dominate
conquest:
  to conquer
riches:
  to enrich oneself, to get rich

legend: legendary
danger (risk)
the East: eastern
the West: western

People and Personal Traits
discoverer
European
explorer
warrior
inhabitant
native
navigator
ambitious/modest
daring/cowardly
authoritarian
greedy
bearded
charismatic
determined/indecisive
competent
curious, inquisitive
rebellious/conformist
brave
violent/peaceful

4 ¡Deje su huella en Centroamérica!

PORTAL AL CAPÍTULO

En este capítulo usted aprenderá el vocabulario necesario para desenvolverse en un país hispano: hablará de presupuestos, transacciones monetarias, moneda, medidas y pesos. Al mismo tiempo explorará la América Central de hoy, su historia, política, costumbres y valores sociales.

VIVIR EN EL EXTRANJERO
¿Qué conocimientos necesita una persona para desenvolverse en un país hispano?

LA AMÉRICA CENTRAL
¿Cuáles son los países centroamericanos? ¿Cuáles son sus capitales? ¿Sabe usted cómo se llama la moneda de cada país? ¿Qué idioma(s) se habla(n) en estos países?

Suggestions for *Prepárese para entrar:* (1) Assign as HW. Refer students to equivalencies on page 84. Review results in class. Follow up by having students approximate weight and height of well-known people. (Bring in photos of Michael Jordan, Danny DeVito, etc.). (2) Distribute IRM 04-01. Assign one country to each student as HW. Students share information in class.

■ ENLACES

- **Vocabulario**
  Vivir en el extranjero

- **Cultura**
  La América Central

Introducing the *Galería cultural.*
Refer students to photo of Tikal, page 82. Help them recall what they know about the Mayans.

■ CONTEXTOS

- **De estudiante en Costa Rica**
  Usos básicos del subjuntivo
  Complementos directos e indirectos

■ REFLEXIONES

- **Lectura**
  Hoja de orientación para estudiantes extranjeros

- **Pasos a la escritura**
  El informe cultural

■ EL MUNDO QUE NOS RODEA

- **Comparaciones culturales**
  ¡Dejá tu huella en Costa Rica!

- **Escenarios**
  Prepárense para vivir en Centroamérica

- **Comunidades**
  Conexiones con el mundo

Answers for the *Galería cultural.*
(1) Peru, Mexico, Honduras, Greece, Italy, Egypt, among others. (3) Hotels in Las Vegas, many schools, airports, etc. Ask for specific names.

PREPÁRESE PARA ENTRAR

Calcule lo siguiente usando el sistema métrico: **(1)** el tamaño de su pie, **(2)** su estatura y peso y **(3)** la distancia entre su casa y su universidad.

Busque información sobre uno de estos países centroamericanos: Guatemala, El Salvador, Honduras, Nicaragua, Costa Rica, Panamá.

GALERÍA CULTURAL

Tikal Futura

América Central es mundialmente famosa por sus ruinas de antiguas civilizaciones mesoamericanas. Una de las más famosas es Tikal, un magnífico centro económico de los mayas en las selvas del norte de Guatemala. Poca gente, sin embargo, parece darse cuenta de que Centroamérica también tiene modernas y dinámicas capitales donde se encuentran elegantes centros comerciales. Un bello ejemplo es Tikal Futura, un complejo de tres edificios con tiendas, restaurantes, hotel y centro de convenciones.

1. ¿Qué otros países tienen ciudades modernas y también ruinas de civilizaciones antiguas?
2. ¿Por qué piensan ustedes que se le dio el nombre de una antigua ciudad maya al centro comercial de la foto?
3. En su país, ¿qué negocios y edificios modernos tienen nombres históricos?
4. ¿Qué nombre histórico le darían ustedes a un nuevo centro comercial? ¿Por qué?

Tikal Futura, Guatemala

ENLACES

VIVIR EN EL EXTRANJERO

Introducing vocabulary display. (1) Ask questions about the display using key vocabulary. Use tape measures, yardsticks, and scales to help students "see" the differences between metric measurements and U.S. equivalents. Be prepared to state the distance in kilometers between places that the students know in miles. (2) Ask students to close their books and list as many words as they can think of related to each of these categories: *las compras, el banco, la distancia, la cantidad*. Have them call out words as you write them on the board. (3) Review numbers as needed.

Vocabulario clave

Medidas y pesos

el metro: medio metro, el
  centímetro
la anchura
la longitud
el kilo: medio kilo, un cuarto de
  kilo, el gramo
el litro

Preguntas: ¿Cuánto mide (pesa)
  usted?
¿Cuánto mide(n) de largo
  (ancho)?
¿A qué distancia queda(n),
  está(n), se encuentra(n)?

Cantidades

la fracción: un medio (dos cuartos,
  cuatro octavos), un tercio (dos
  sextos, tres novenos), un quinto
  (dos décimos)
la mitad
mil millones
el porcentaje: el 10 (25, 50) por
  ciento
el promedio

Equivalencias

un centímetro = 0,39 pulgadas
una pulgada = 2,54 centímetros
un kilo = 2,205 libras
una libra = 0,454 kilos
un kilómetro = 0,62 millas
un milla = 1,6 kilómetros
un litro = 0,264 galones
un galón = 3,785 litros
un metro = 3,28 pies
un pie = 30,48 centímetros
$°F = (9 / 5 \times °C) + 32$
$°C = (°F - 32) \times 5/9$

El comercio y el dinero

cobrar un cheque
cambiar: la casa de cambio, tasa
  de cambio
el descuento (la rebaja)
el impuesto
la moneda
pagar al contado (en efectivo), a
  plazos, con cheque
las rebajas: estar rebajado(a)
regatear
el suelto (el cambio)
la vuelta (el vuelto)

Preguntas: ¿Cuánto le costó
  (costaron)?
¿Le sobra (sobró) dinero?
¿Cuánto cobra usted?
¿Cuánto vale(n)?
¿A cuánto está(n)?
¿En cuánto me lo(la) deja?

Vivienda

el alojamiento: alojarse
el alquiler: alquilar
el apartamento amueblado / sin
  muebles
la fianza
el(la) inquilino(a)
la hipoteca
la mudanza: mudarse
la propiedad: el(la) propietario(a)

El presupuesto

los ahorros: ahorrar
el consumo: los gastos de
  consumo
la deuda
la factura del gas (de la
  electricidad, luz)
los gastos: gastar
los ingresos (mensuales, anuales)
los pagos
la tasa de interés

Palabras de repaso

barato(a) / caro(a)
el billete
el cheque de viajero
la chequera
comprar / vender
el costo: costar
la cuenta
pagar
el precio
la tarjeta de crédito

Notes for vocabulary display. The origin of the names for currency used in Spanish-speaking countries is often related to historical figures. Assign students to research the origins of the names for the Central American currencies. Note that Panama uses U.S. paper currency. They mint their own coins (the *colón*) and also use U.S. coins.

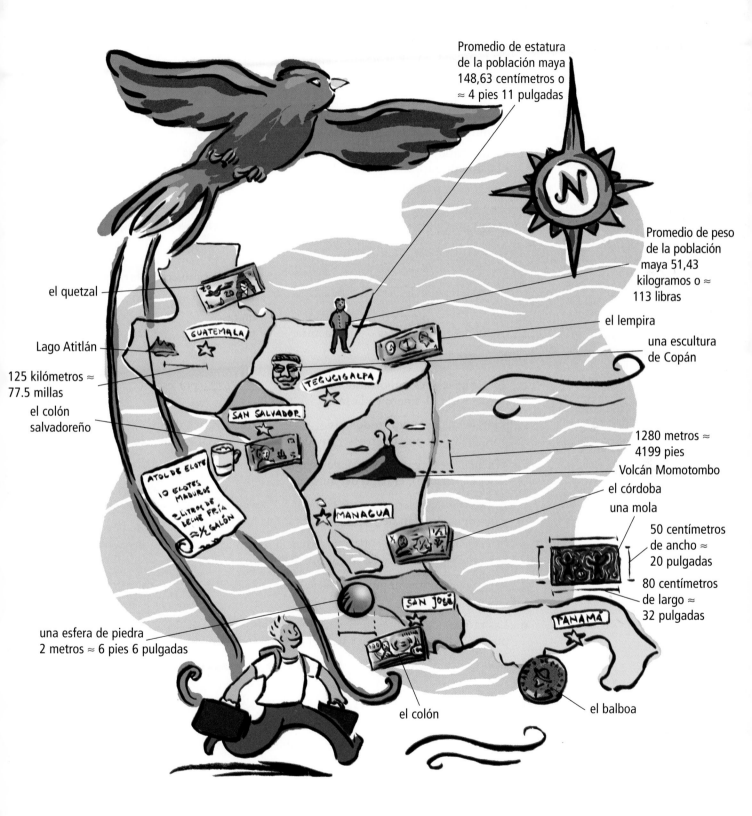

Promedio de estatura de la población maya 148,63 centímetros o ≈ 4 pies 11 pulgadas

Promedio de peso de la población maya 51,43 kilogramos o ≈ 113 libras

el quetzal

Lago Atitlán

125 kilómetros ≈ 77.5 millas

el colón salvadoreño

GUATEMALA

TEGUCIGALPA

SAN SALVADOR

ATOL DE ELOTE
10 ELOTES MADUROS
2 LITROS DE LECHE FRÍA
≈ ½ GALÓN

MANAGUA

una esfera de piedra 2 metros ≈ 6 pies 6 pulgadas

el lempira

una escultura de Copán

1280 metros ≈ 4199 pies

Volcán Momotombo

el córdoba

una mola

50 centímetros de ancho ≈ 20 pulgadas

80 centímetros de largo ≈ 32 pulgadas

SAN JOSÉ

PANAMÁ

el colón

el balboa

Suggestion for introducing 4-1.
(1) While students do not need to know exact equivalencies, we feel that they should have a basic idea of which equivalent measures and weights are larger or smaller. Have students state (and memorize) the following: *un centímetro es menos de una pulgada, un kilo es más de una libra, un kilómetro es menos de una milla, un litro es menos de un galón, un metro es más de una yarda o más de tres pies, un grado centígrado es más de un grado Fahrenheit (32° F = 0° C).* (2) For number 6, bring in the latest exchange rates. Use a currency converter:
http://www.xe.com/ucc/es
Answers for 4-1. 1. *10 pulgadas, 21.6 cm.* 2. *cien kilos* 3. *cien millas;* answers will vary 4. *un galón de gasolina* 5. answers will vary 6. answers will vary
Warm-up for 4-2. Ask students if they have a budget and whether they stick to it or overspend. Ask them to elaborate upon their spending habits (i.e., on what do they spend too much money and why: to impress others?, because they have no control?, etc.) Be sure to write key vocabulary from their responses on the board. Teach students these words: *derrochador(a)* (spendthrift), *tacaño(a)* (tight-fisted), *ahorrador(a)* (thrifty).

G 4-1 Orientación. Contesten las siguientes preguntas. Luego, discutan sus respuestas con toda la clase.

1. ¿Cuál es más grande, un libro que mide 10 centímetros de largo o uno que mide 10 pulgadas? ¿Cuántos centímetros mide de ancho una hoja de papel?

2. ¿Quién pesa más, una persona que pesa cien libras o una persona que pesa cien kilos?

3. ¿Qué distancia es más larga, cien millas o cien kilómetros? ¿A qué distancia de su universidad queda Costa Rica?

4. ¿Qué cantidad es mayor, un litro o un galón de gasolina? ¿A cuánto está hoy el galón de gasolina en la ciudad donde ustedes viven?

5. ¿Cuál es la temperatura de hoy en grados centígrados? ¿Cuál es el promedio de temperatura en el verano y en el invierno en la ciudad donde ustedes viven?

6. ¿Cuántos colones costarricenses (colones salvadoreños, lempiras, quetzales, córdobas, balboas) son cien dólares?

1 4-2 Para usar el vocabulario clave. Completen "Cómo controlar los gastos" con las palabras de la lista que sigue.

ahorros	alquiler	deudas	ingresos	suelto
al contado	chequera	factura	presupuesto	tasas de interés

Cómo controlar los gastos

■ Para empezar, es importante preparar un ___presupuesto___ por escrito para saber en qué se gasta el dinero cada mes.

■ También debe anotar todos los ___ingresos___ que tenga: salarios fijos, trabajos por cuenta propia, intereses y dividendos, etc.

■ Muchos de los gastos mensuales serán invariables: la hipoteca o el ___alquiler___, el seguro médico, el pago del auto, etc.

■ Es fácil reducir ciertos gastos como, por ejemplo, los gastos de entretenimiento y de ropa. Un plan de ___ahorros___ es lo más importante.

■ Cuando reciba una ___factura___, páguela inmediatamente para evitar los recargos por retraso y otros cargos financieros.

■ No haga compras impulsivas. Deje en casa su ___chequera___ y sus tarjetas de crédito.

■ Las tarjetas de crédito pueden ser caras, sobre todo por las ___tasas de interés___, que pueden representar entre el 12 y el 22 por ciento anual.

■ Los buenos hábitos ayudan. Cuando vaya de compras siempre pague ___al contado___.

■ Acostúmbrese a guardar el ___suelto___ que le sobra al final del día. Deposite estas monedas en una alcancía.

■ Sobre todo, pague lo más pronto posible todas sus ___deudas___.

Presupuesto para 2 meses – $1000.00

1 **4-3 Presupuesto para Costa Rica.** Tres estudiantes deciden compartir una casa en Costa Rica por un mes. Contesten las preguntas, basándose en la información presentada en el gráfico.

1. ¿Qué porcentaje piensan gastar para alquilar una casa? El ___cincuenta___ por ciento

2. ¿En qué van a gastar un quinto de su presupuesto? ___en comida___

3. ¿Cuántos colones les va a costar el servicio telefónico? _____

4. ¿Aproximadamente qué porción del presupuesto total van a gastar en la limpieza de casa, teléfono, agua y electricidad? ___un tercio___

5. Si no tienen servicio de limpieza, ¿cuántos dólares pueden ahorrar?, ¿cuántos colones? _____

6. ¿Qué porción del gasto total tendrá que pagar cada estudiante? ___un tercio___

7. ¿Cuántos colones les va a costar el consumo mensual de agua y electricidad? _____

8. ¿Cuántos colones les van a sobrar si el propietario de la casa les cobra la mitad del alquiler? _____

2 **4-4 Nuestros hábitos de consumo.** Discutan sus respuestas a las siguientes preguntas. Luego presenten un resumen de la discusión al resto de la clase.

1. ¿Es mejor gastar el dinero o ahorrarlo? Expliquen. ¿Cuántas tarjetas de crédito tienen? ¿Para qué tipo de compras usan ustedes una tarjeta de crédito?

2. ¿Les gusta ir de compras en los grandes almacenes cuando hay rebajas? ¿Por qué? ¿Suelen comprar ropa y otras cosas de segunda mano? ¿Dónde? ¿Por qué?

3. ¿Cuál es el objeto más caro que han comprado hasta ahora? ¿Cuánto les costó? ¿Cómo lo pagaron? ¿Usaron su tarjeta de crédito? ¿Pagaron al contado?, ¿a plazos? ¿Para quién lo compraron? Expliquen.

4. ¿Qué tipos de ingresos tienen? ¿Cuáles son sus gastos mensuales? ¿Cuál es el gasto mayor que tienen?, ¿y el menor? ¿Gastan más dinero en el servicio telefónico o en el consumo de gas, luz y electricidad? Expliquen.

Suggestion for 4-3. Assign activity as HW. Be sure to give students the current exchange rate and have them write out all numbers. Follow up in class by going through the calculations with them in Spanish to practice saying percentages, fractions, and large numbers. We assure you that the math is not difficult.
Answers for 4-3. 3, 5, 7, and 8 depend on actual exchange rate.

Indígenas guatemaltecas

Suggestion for 4-5. First read the situations out loud with the whole class and decide what mathematical calculations are necessary for each one. After students complete the calculations, group students and give them time to come up with ways to resolve each problem. Groups share their suggestions with the entire class.

G **4-5 Problemas y soluciones.** Las siguientes situaciones ocurren durante un viaje que la clase hace por la América Central. Hagan los cálculos necesarios y luego decidan la manera más eficaz de resolver cada problema.

1. La aerolínea vendió demasiados boletos. El avión tiene cupo para 270 personas. Hay 35 estudiantes en la clase y otros 250 pasajeros.

   a. ¿Cuántos asientos faltan?   250 + 35 = 285; 285 − 270 = 15. *Faltan 15 asientos.*

   b. ¿Cómo piensan resolver este problema?   answers will vary

2. Después de cambiar $950 dólares por colones en la casa de cambio del aeropuerto, un estudiante deja su dinero en el baño. Cuando se da cuenta, regresa por él y encuentra sólo 150.000 colones.

   a. ¿Cuánto dinero perdió en colones? ¿Y en dólares?   answer depends on exchange rate

   b. ¿Qué debe hacer este estudiante para recuperar su dinero?   answers will vary

3. Están en el mercado central de Chichicastenango, Guatemala. Una estudiante está regateando el precio de un vistoso güipil. La vendedora le dice que se lo dejará en 566 quetzales y ni un quetzal menos. En el mercado solamente aceptan dinero en efectivo y la pobre estudiante no lleva más que cheques de viajero.

   a. ¿Cuánto dinero vale el güipil en dólares?   answer depends on exchange rate

   b. ¿Qué debe hacer la estudiante para comprar el güipil?   answers will vary

1 **4-6 ¡Qué pesadilla!** Describa una mala experiencia que haya tenido con una mudanza o invente una. Organice sus ideas en un párrafo corto usando las siguientes preguntas para guiarse.

Suggestion for 4-6. Assign as HW or do activity in class, giving students 15–20 minutes to develop their answers. Have students share their "horror stories" with the class.

1. ¿Adónde se mudó? ¿De dónde? ¿Lo(la) ayudaron sus amigos? ¿Contrató un servicio de mudanza? ¿Cuánto dinero le costó? ¿Qué otros gastos tuvo que pagar para mudarse? ¿Tuvo suficiente dinero para todos los gastos? ¿Cómo los pagó?

2. ¿Se mudó a un apartamento o a una casa? ¿Tuvo que dejarle fianza al propietario? ¿Cuánto? ¿Le pareció justo? ¿Se quejó de la fianza?

3. ¿Cuánto tiempo tardó en mudarse? ¿Qué problemas tuvo? ¿Cómo los resolvió?

CULTURA

La América Central

2 **4-7 ¿Qué saben del tema?** ¿Con qué país(es) asocian ustedes lo siguiente? Usen el mapa junto con la lógica y lo que ya saben del tema para responder. (G) Guatemala, (E) El Salvador, (H) Honduras, (N) Nicaragua, (C) Costa Rica, (P) Panamá

1. __E__ el más pequeño de los países de Centroamérica

2. __G, H, N, C, P__ dos costas

3. __G, H__ ruinas mayas importantes

4. __N__ Granada, la ciudad más antigua del continente

5. __C__ pacífico, democrático, no tiene ejército

6. __C__ 38 parques nacionales, reservas y refugios

7. __P__ un canal interoceánico

8. __G, E, H, N, C, P__ sólo dos estaciones: invierno de mayo a noviembre (estación lluviosa), verano de diciembre a abril (estación seca)

9. __G__ 21 idiomas mayas, el xinca, el garífuna y el español

10. __G, E, H, N, C, P.__ principalmente católico

11. __N__ los sandinistas

12. __P__ frontera con Colombia

13. __G__ frontera con México

BIENVENIDOS

AL AEROPUERTO INTERNACIONAL LA AURORA

INFORMACIÓN Y TURISMO

Consejos para el turista en la América Central

Le recomendamos que...

* Cambie su dinero en un banco o casa de cambios.
* Haga dos copias de sus documentos importantes.
* No tome o compre drogas.
* No acepte transportar paquetes de gente desconocida.
* Nunca deje desatendido su equipaje en sitios públicos.
* Pida permiso antes de sacar fotos.
* Tenga a mano la dirección y el número de teléfono de su hotel.
* Evite caminar solo(a) en zonas desconocidas de noche.

Producido por el Instituto de Turismo

¡Gratis, tome uno!

TITULARES DEL DÍA

"La dolarización es legal"
El Salvador, *La Prensa Gráfica*

"Aumenta el desempleo"
Costa Rica, *La República*

"Honduras propone a Centroamérica crear un frente común contra el terrorismo"
Honduras, *La Prensa*

"Investigan corrupción política"
Honduras, *La Prensa*

"Crisis mundial afecta al gobierno"
Costa Rica, *La República*

"El hambre, una consecuencia de los desastres naturales"
El Salvador, *El Mundo*

"¿Deterioro de derechos humanos?"
Guatemala, *Siglo XXI*

"Se necesitan reformas"
Nicaragua, *La Noticia*

"Muchos municipios afectados por el hambre: ¿Cómo responderá el gobierno?"
Guatemala, *La Prensa Libre*

EXCURSIÓN AL ARCHIPIÉLAGO DE SAN BLAS

Estas 365 islas cercanas al puerto panameño de Colón constituyen una provincia gobernada por los indios cunas. Dueños de todo el terreno, estos indígenas eligen a sus propios jefes. Aunque mandan un representante a la Asamblea Nacional de Panamá, no tienen que pagar impuestos.

Acompáñenos a sus bellas playas, descanse debajo de sus palmeras y conozca su rica cultura tradicional.

TIKQUETOURS
55522

Suggestions for introducing the *Información y Turismo* display: This represents a display of pamphlets pamphlets and fliers that one might find at an airport. (1) *Consejos para el turista en la América Central:* Before looking at this section, ask students to brainstorm some general travel tips. Then have students scan the suggestions as you ask questions: *Según los consejos del Instituto de Turismo, ¿qué debe hacer el turista antes de sacar fotos? ¿Dónde debe cambiar su dinero?* etc. (2) *Titulares del día:* Ask students to tell you the major headlines in the news today in their country and area. Then have students mention some of the major concerns that are expressed by the headlines in the display. (3) *Historia y política esencial:* Have students scan for the answers to questions such as these: *¿Cuáles fueron las causas de la guerra civil en El Salvador? ¿Por qué se rebeló el pueblo nicaragüense? ¿Qué pasó en 1989 en Panamá? ¿Qué se firmó en 1996 en Guatemala? ¿Qué desastre natural causó mucha destrucción en Honduras? ¿Qué país ha sido históricamente la más estable?*, etc. (4) Tikquetours: Group students to describe short excursions and tours they have taken while on vacation. Follow up with scanning questions about the Tikquetours packages: *¿Dónde se encuentra el Archipiélago de San Blas? ¿Quiénes gobiernan estas islas? ¿Quién fundó Córdoba? ¿Cómo es esta ciudad? ¿Qué se puede ver desde la cima del Volcán Irazú? ¿Qué se forma en el fondo del cráter principal del Volcán Poás?*

TIKQUETOURS 55522

GRANADA, NICARAGUA, PRIMERA CIUDAD ESPAÑOLA DEL CONTINENTE

Fundada en 1524 por Hernández de Córdoba, esta bella ciudad colonial se encuentra en la orilla del impresionante Lago Nicaragua. Al sur, se puede ver el Volcán Mombacho. Queda a sólo 46 kilómetros de Managua.

Tikquetours ofrece un paquete de 2 días con una estancia de una noche en la lujosa Casona de los Estrada y dos comidas en el Café Converso.

TIKQUETOURS 55522

HISTORIA Y POLÍTICA ESENCIAL PARA EL TURISTA

Guatemala

Después de más de tres décadas de violencia, inestabilidad y guerra civil, se firmó un tratado de paz en 1996. El gobierno actual promete reformar las fuerzas armadas y respetar los derechos de la mayoría indígena.

El Salvador

Entre 1979 y 1992 El Salvador sufrió una sangrienta guerra civil causada por la frustración con la corrupción, la violencia y la concentración del dinero en las manos de una minoría elitista. Hoy la economía está recobrando fuerzas después de dos violentos terremotos en 2001.

Honduras

Sus problemas mayores en las últimas décadas han sido la inestabilidad de sus países vecinos, su apoyo hacia las fuerzas anti-sandinistas y la devastadora destrucción causada por el Huracán Mitch. Actualmente, el gobierno está tratando de reconstruir el país.

Nicaragua

Después de décadas de opresión bajo la dictadura de la familia Somoza, el pueblo nicaragüense se rebeló. Los revolucionarios sandinistas gobernaron entre 1979 y 1990. Por once años enfrentaron una guerra contrarrevolucionaria subvencionada por Estados Unidos. Los presidentes más recientes han tratado de reestructurar la economía.

Costa Rica

Es el único país de la región que ha gozado de décadas de paz y estabilidad. Su problema mayor ha sido el efecto económico del influjo de 500.000 refugiados salvadoreños y nicaragüenses. Se sigue tratando de combatir este problema.

Panamá

La dictadura del General Manuel Noriega que comenzó en 1983 fue truncada por una invasión estadounidense en 1989. Durante la década de los noventa, la economía mejoró, se eligió a la primera presidenta, Mireya Moscoso (1999), y el país asumió el control del canal.

CONOZCA DOS PARQUES NACIONALES DE COSTA RICA

Volcán Irazú

El último período activo fuerte ocurrió entre 1963 y 1965. En días despejados se puede ver desde su cima ambos océanos. Está a 11,257 pies de altura.

Volcán Poás

El último período eruptivo ocurrió entre 1952 y 1954. En el fondo del cráter principal se forma una laguna rica en azufre que al secarse produce lluvia ácida.

Salidas los viernes a las 10:00

TIKQUETOURS 55522

Suggestions for 4-8. Write the following pattern on the board to aid students: *Es necesario / Es importante / Es mejor _____ -r porque _____*.

2 **4-8 Consejos.** Expliquen por qué es (o no es) importante cada uno de los consejos de la lista proporcionada por el Instituto de Turismo.

MODELO: Es importante cambiar su dinero en un banco o casa de cambios porque es más seguro. Si lo cambia en la calle, le pueden dar dinero falsificado o robarle.

Follow-up for 4-9. Assign students to look for specific examples from the display to illustrate each topic.

G **4-9 Historia y política esencial.** Marquen con una X las palabras y frases que caracterizan, de manera general, la historia y política centroamericana de las últimas décadas del siglo XX. Usen la información de los artículos "Titulares del día" e "Historia y política esencial para el turista" para responder.

_____ estabilidad política

_____ paz

___X___ inestabilidad política

_____ democracia

___X___ guerras civiles

_____ tasa de desempleo baja

___X___ problemas económicos

_____ economía fuerte

___X___ dictaduras

___X___ desastres naturales

___X___ intromisión de EEUU

___X___ pobreza

Note for *Galería cultural.* Explain that in many countries where there is a high rate of illiteracy, the political parties usually try to establish an association between their campaign and a symbol, logo, and/or a picture of the candidate. It is common to see posters in the street with a big X marked through the symbol or picture to indicate to the populace, "Put your X here. Vote for our party, this person," etc. The symbol or logo appears on the ballot.

◀◀ Expansión del tema ▶▶

¿Cuál es el efecto de los problemas políticos de una región sobre el turismo? ¿De qué manera pueden afectar el turismo los problemas mundiales?

GALERÍA CULTURAL

El proceso electoral en la América Central

Uno de los derechos principales establecido por la legislación electoral de cada país centroamericano es el de votar. Se considera, sin excepción, que cada ciudadano tiene el derecho de votar libre, igual, directa y secretamente. El sufragio es universal a los 18 años, con la excepción de Nicaragua, donde comienza a los 16. Otra excepción es la de Guatemala, donde no se permite votar a los miembros activos de las fuerzas militares y de la policía. Es interesante destacar que el día en que tienen lugar las elecciones es un domingo y que en El Salvador, Panamá y Costa Rica el voto es obligatorio.

En una región donde el proceso electoral ha sido históricamente manchado[1] por el fraude y la corrupción, ha sido muy importante establecer procedimientos estrictos. Por ejemplo, hay que presentar un documento de identidad y por lo general, se vota en lugares públicos. Se marca el voto con un signo específico. En Costa Rica se usa la huella digital[2]. Después de entregar la boleta cada votante debe introducir un dedo en un frasco de tinta indeleble. Ésta es la prueba de que ha votado e impide que vote otra vez.

---

[1] *has been tainted*
[2] *fingerprint*

Para escuchar

Campaña electoral en Nicaragua

2 **4-10 Antes de escuchar.** Complete la siguiente encuesta sobre el proceso electoral. Marque cada opción con sí o no. Luego compare sus respuestas con las de un(a) compañero(a).

_____ Voté en las últimas elecciones.

_____ Voto en todas las elecciones.

_____ Pienso que votar es una obligación de los ciudadanos de un país.

_____ Siempre me familiarizo con los candidatos antes de votar.

_____ Pienso que una persona de 18 años es demasiado joven para votar.

_____ Pienso que la edad para votar debe ser 16 años.

_____ Pienso que algunas personas no deben tener el derecho de votar.

4-11 Comprensión global. Antes de escuchar, lea los siguientes lemas de las campañas de Enrique Bolaños y Daniel Ortega. Después de escuchar, decida de quién es cada lema.

<u>Ortega</u> Lo fundamental es el amor.

<u>Bolaños</u> Sí se puede.

1 **4-12 Después de escuchar.** ¿Quién dijo lo siguiente? ¿Bolaños (B) u Ortega (O)?

1. __O__ "Tenemos que trabajar para construir y no para destruir."

2. __B__ "¡Ayúdate, que te ayudaré!"

3. __B__ "Sí se puede lograr el sueño de los nicaragüenses."

4. __O__ "Ponemos todo nuestro esfuerzo en una campaña constructora."

5. __O__ "El diálogo, el entendimiento y la siembra del amor son fundamentales".

6. __B__ [Nuestra campaña] "significa la paz, más empleo, más bienes…".

Una boleta de las elecciones presidenciales en Nicaragua, 2001

Suggestions for 4-10. Students should explain their answers as they compare them.
Follow-up for 4-10. Ask for a general reaction to each statement from the whole class. Use questions such as these to continue a discussion: *1. ¿Cuándo votó usted por primera vez? ¿Cómo se sintió? 2. En su país, ¿qué día de la semana se vota? ¿Piensan ustedes que sería mejor que el día de la votación fuera un día diferente? ¿Cuál? ¿Por qué? 3. ¿Ha habido un caso de corrupción electoral en su país? Explique. 4. ¿Recuerda usted las plataformas de los candidatos presidenciales de las últimas elecciones de su país? 5. ¿Cómo decide usted por quién votar? 6. Si usted viajara a otro país durante la época de elecciones presidenciales, ¿trataría de aprender algo sobre las promesas de los candidatos? ¿Por qué?*

◀◀ **Expansión del tema** ▶▶

¿Creen ustedes que un candidato presidencial debe señalar los defectos de su oponente? ¿O debe hablar solamente de lo que promete hacer por sus electores? Expliquen.

De estudiante en Costa Rica

Preparation for *Contextos*. Assign exercises in the *Guía gramatical*, pages 157–165, or complete them in class as paired/small group activities.

 Antes de comenzar, estudie la formación del subjuntivo y sus usos básicos y también los complementos directos e indirectos en la *Guía gramatical,* páginas 157–165. Haga todos los ejercicios correspondientes.

 Los complementos directos, páginas 163–165.

Suggestions for pre-text grammar activities. (1) *Present Subjunctive.* To practice forms and usage, state that tomorrow is your birthday and that you'd like to celebrate this day in a special way. Put the following on the board: *Quiero que* _____ and *Espero que* _____ and model sentences such as *Quiero que mi esposo me lleve a París el fin de semana, En esta ciudad espero que pasemos la noche en un hotel de lujo con una vista de la Torre Eiffel,* etc. Write the forms on the board, expanding the conversation where possible. Exaggerate and have fun. Then have students brainstorm ways to complete the sentences as if it were their birthday tomorrow. (2) *Direct and Indirect Objects.* Use candy, fruit, and other edible treats, and model appropriate sentences: *Me gusta este dulce. Me gusta pero se lo voy a dar a Pepe. Pepe, tómalo. ¿A quién se lo di?,* etc. Write your sentences on the board and have students imitate you by picking different items.

Suggestions for introducing Costa Rica. Briefly talk about Costa Rica's seven provinces, major cities, and geographical diversity, using a map to help guide your introduction. For useful information, see **http://www.cientec.or.cr/provincias/ provincias.html**

Suggestion for 4-13. Explain any unfamiliar words in the list of things to take to CR. Encourage students to explain why they would need to pack each item for a trip to CR. Tell them that they will be in Alajuela during the rainy season.

En *Contextos* usted va a imaginarse que participa en un programa de estudio en Alajuela, Costa Rica. Antes de salir, tendrá que decidir qué llevar en su viaje. Luego, durante su estancia en Alajuela, tendrá varias conversaciones con sus compañeros de clase sobre sus experiencias como estudiantes extranjeros.

Qué llevar a Costa Rica

suéter, chaqueta, traje de baño, zapatos cómodos, botas, ropa elegante, insecticida, protector solar, gafas de sol, rollos de película, medicamentos, paraguas plegable, equipo para acampar, seguro médico, tarjeta de crédito, cheques de viajero, dinero en efectivo

2 4-13 Preparativos. Después de leer la información en **Qué llevar a Costa Rica,** hagan una lista de 8 cosas que llevarían a Alajuela. Expliquen por qué las llevarían.

MODELO: *Pienso llevar _____. _____ necesito porque…*
Vamos a llevar _____. Vamos a necesitar _____ cuando…

Pienso llevar *bastantes rollos de película.* *Los* necesito porque creo que es más caro comprarlos en Costa Rica.
Vamos a llevar *ropa ligera.* Vamos a necesitar*la* cuando vayamos a la costa.

Un viaje en balsa por el Río Pacuare, Costa Rica

Suplemento cultural: Vistas urbanas de las comunidades autónomas

Castilla-León

Ávila está rodeada de murallas construidas en el siglo XI para defender el territorio cristiano de los invasores árabes. Esta ciudad ofrece una de las vistas urbanas más espectaculares de toda España.

Castilla-La Mancha

Toledo, quizás la ciudad más histórica de España, está rodeada por el río Tajo. De la época romana se pueden visitar su acueducto, su magnífico puente de Alcántara y su circo destinado a carreras de carros y caballo. También existen sinagogas del pasado hispano-judío, monumentos de la etapa árabe (las murallas y la famosa mezquita del Cristo de la Luz) y palacios, conventos e iglesias del siglo XVI, cuando Toledo era capital del Imperio español.

Comunidad Valenciana

Valencia combina lo viejo con lo moderno. El casco antiguo, con sus espléndidos monumentos de la época medieval, contrasta con los puentes, museos y palacios de arte del famoso arquitecto contemporáneo Santiago Calatrava.

Córdoba, situada a las orillas del río Guadalquivir, es muy antigua. Fue poblada por los romanos en el año 206 a.C. y por los árabes en 711. Durante la dominación árabe no

Andalucía

sólo fue un ejemplo de convivencia entre judíos, moros y cristianos sino también una ciudad esplendorosa por su arte, cultura y ciencia. Esta ciudad se conoce por sus estrechas calles y numerosos patios de bellas flores, fuentes y paredes blancas.

Cataluña

Las Ramblas

Barcelona, llamada Barcino por sus colonizadores romanos, fue siempre una ciudad de navegantes, comerciantes y profesionales. Actualmente es la ciudad más cosmopolita y económicamente más activa de España. Sus edificios de formas curvas y líneas asimétricas (casas, palacios de música, iglesias y hospitales) ejemplifican el modernismo arquitectónico que predominó en Europa a finales del siglo XIX y principios del XX.

2 **5-7 Identificaciones.** Identifiquen el lugar o la persona descritos.

1. _____Toledo_____ ciudad antigua con un acueducto romano, sinagogas y mezquitas que se han conservado en buen estado
2. __Francisco Franco__ dictador español
3. _____Bilbao_____ importante centro industrial
4. _____Barcelona_____ ciudad cosmopolita y una de las más prósperas de España
5. _____Córdoba_____ ciudad donde convivían pacíficamente varios grupos raciales
6. _Juan Carlos I de Borbón_ Rey de España
7. _____Córdoba_____ ciudad a orillas del Río Guadalquivir
8. _____Toledo_____ ciudad rodeada por el río Tajo
9. _Santiago Calatrava_ arquitecto valenciano conocidísimo
10. _____Ávila_____ ciudad amurallada

G **5-8 La España de las autonomías.** Contesten las siguientes preguntas.

1. ¿Qué tipo de sistema gubernamental tiene España? ¿Qué papel desempeña el rey? ¿Cuáles son algunas diferencias entre el sistema político de España y el del país en que viven ustedes? ¿Hay semejanzas?

2. ¿Qué idiomas se hablan en España? ¿Dónde se habla cada uno? ¿Se parece el euskera al español? Expliquen.

3. ¿Qué es la ETA? ¿Cuándo se formó? ¿Cuál es su propósito? ¿Por qué protestan muchos españoles en contra de la ETA?

4. ¿Dónde está situada la autonomía del País Vasco? ¿Cómo es?

◄◄ Expansión del tema ►►

Nombre otros movimientos nacionalistas o separatistas actuales. ¿Son terroristas? ¿Cómo define usted el concepto del terrorismo? ¿De qué factores históricos y culturales depende el terrorismo?

GALERÍA CULTURAL

La ciudades autónomas de Melilla y Ceuta

Melilla y Ceuta ocupan pequeñas penínsulas sobre la costa mediterránea de Marruecos. Fundadas por los fenicios y ocupadas por los romanos, godos y árabes, fueron conquistadas por España en el siglo XV. En 1994 y 1995 respectivamente, estas ciudades dejaron de ser ciudades para convertirse en las dos autonomías más pequeñas de España. El gobierno español utiliza estas ciudades-puerto casi exclusivamente para fines militares.

(🔊) Para escuchar

Melilla: Una ciudad insólita

2 **5-9 Antes de escuchar.** Completen las siguientes oraciones con el nombre de una ciudad que ustedes conocen. Expliquen sus respuestas.

1. _____ es una ciudad insólita (poco común, excepcional).
2. _____ es un punto turístico obligatorio.
3. _____ es conocida por la hospitalidad de su gente.
4. _____ es conocida por la excelencia de su gastronomía.
5. _____ es conocida por el contraste entre sus áreas históricas y modernas.
6. _____ es un importante centro comercial y financiero.
7. _____ es un hermoso ejemplo de tolerancia.
8. _____ es un puente entre Asia y Estados Unidos.
9. _____ es una puerta entre México y Estados Unidos.
10. _____ es una puerta entre Cuba y Estados Unidos.

1 **5-10 Comprensión global.** Complete la siguiente oración para resumir el contenido del segmento auditivo.

Melilla es una ciudad insólita porque...

1 **5-11 Después de escuchar.** Complete la tabla que le dará su profesor(a) con la información necesaria.

Melilla: Una ciudad insólita	Detalles
atributos de la ciudad	
arquitectura	
clima	
poblaciones	
historia	
situación geográfica	
tamaño	

Construida a finales del siglo XVI, **La Ciudad Vieja,** o la Ciudadela, es uno de los recintos fortificados mejor conservados del Mediterráneo.

La Ciudad Nueva, construida en su mayor parte en el siglo XX, contiene algunos de los edificios más importantes del movimiento arquitectónico modernista.

◀◀ Expansión del tema ▶▶

Según el alcalde de Melilla, "en la unión de las culturas están las mejores oportunidades". ¿Están de acuerdo con esta afirmación? Justifiquen su respuesta.

Follow-up for 5-9. As students share their answers for 8, 9, and 10, ask them to comment on the makeup of the population of those cities that serve as "gateways" and "bridges." Ask them if they can name the city in Central America that serves as the bridge between North and South America.

Suggestion for 5-10. Write the phrase on the board. Ask students to think about how to complete it as they listen. Afterward, ask for their ideas. Lead them to summarize the content in just one sentence by finishing the phrase you wrote on the board.

Note for 5-11. Hand out IRM 05-03.

Un crimen

Preparation for Contextos. Assign exercises in the *Guía gramatical,* pages 165–171 or complete them in class as paired/small group activities.

En *Contextos* usted se imaginará que es un(a) agente de Interpol (la Organización Internacional de Policía Criminal). Irá con un(a) compañero(a) a Madrid para investigar el robo de 19 obras de arte a Esther Koplowitz, una de las mujeres más ricas del mundo. Antes de llegar, leerá una trascripción de la denuncia del robo. Al llegar, hablará con el jefe de la policía madrileña; entrevistará a varias personas del barrio Chamartín; encontrará una carta escrita por el cerebro del crimen; hará recomendaciones de seguridad; y finalmente resolverá el caso.

GG Antes de comenzar, estudie el presente perfecto y el pluscuamperfecto de indicativo y los mandatos formales en la *Guía gramatical,* páginas 165–171. Haga todos los ejercicios correspondientes.

Suggested pre-text grammar activities: (1) Present perfect: Ask students to imagine that they have met up with their biggest rival from their youth. They still are trying to outdo each other as each recounts all the grand accomplishments of their lives. Have students prepare a dialogue and present it to the class.
(2) Past perfect: (a) Ask students to complete this phrase 5 different ways: *A los _____ años, yo ya había…;* (b) Tell students everything you had already done by the time you got to school today: *Cuando llegué a mi oficina hoy, ya había desayunado. También había corregido la tarea y había preparado el examen,* etc. Have students do the same and share their narration with a classmate.
(3) Formal commands: Ask students what commands they would like to give to the following people in their community: *al cartero, a un policía, al alcalde (a la alcaldesa), a un bombero, a los ladrones, a los mendigos, a las personas sin hogar.*
Note about the robbery: To read more about this real case, see **http://www.belt.es/noticias/agosto/ 06_10/09_koplowitz.htm.**

> **Obras robadas a Koplowitz valoradas en miles de millones de dólares**

> **Roban dos Goyas y otros cuadros de alto valor**

> **Incertidumbre e intriga rodean robo de cuadro**

> **Recompensa ofrecida por información acerca de cuadros robados**

> **Asaltan la casa de Esther Koplowitz en Madrid, distrito de Chamartín**

Obras robadas en el segundo mayor robo de arte de la historia moderna

- *El columpio* y *La caída del burro* de Francisco de Goya
- *Guitarra sobre una silla,* de Juan Gris
- *Las tentaciones de San Antonio,* de Peter Brueghel
- *Paisage à Eragny,* de Camille Pisarro
- *La casita de muñecas* y *Niña con sombrero,* de Leonard Foujita
- *Al baño, Valencia,* de Joaquín Sorolla
- *Máscaras de Carnaval,* de Gutiérrez-Solana
- *Porto D'Anzio,* de Francisco Pradilla
- *Bodegón de flores,* de Anglada Camarasa
- *Gitana,* de Isidro Nonell
- *Vista de los Picos de Europa,* de Carlos Haes
- *Claro de sol sobre nubes de primavera en la Sierra de Guadarrama,* de Carlos Haes

2 **5-12 Los detalles.** Antes de llegar a Madrid, ustedes reciben el siguiente fax del jefe de la policía municipal de Madrid. Es una transcripción de la denuncia del robo hecha por el vigilante de seguridad de Esther Koplowitz. Completen la transcripción con el presente perfecto de indicativo.

 GG El presente perfecto de indicativo, páginas 165–167.

Comisaría General de Policía
Hoja de envío de fax

Para: Agentes 004 y 005   **Número de fax:** 004-114-678

Organización: Interpol   __X__ Urgente

Asunto: Robo de cuadros   _____ Para revisar

De: Julio Segador Ulloa, Jefe,   __X__ Comentarios   **Comentarios:** Aquí remito

Policía Municipal de Madrid   _____ Responda   información pertinente al caso

Fecha: 11 de agosto de 2001   Koplowitz.

Transcripción de la denuncia:

Habla Esteban Mairata Bosch. Quisiera denunciar un robo que está ocurriendo en la residencia de mi patrona, Esther Koplowitz. Dos hombres y una mujer __han llegado__ (llegar) a la puerta, __han tocado__ (tocar) al timbre y me __han golpeado__ (golpear). Creo que me __han roto__ (romper) unas costillas. ¡Ay, qué dolor! Me __han encerrado__ (encerrar) en un cuarto, me __han robado__ (robar) las llaves de la entrada y __han subido__ (subir) al segundo piso de la residencia, donde están ahora. Parece que __han ido__ (ir) directamente a la pieza donde están los cuadros más valiosos de la colección de la señora Koplowitz. No __han dicho__ (decir) ni una palabra. Ahhh, ahora los veo por la ventana. __Han puesto__ (poner) muchos cuadros en una furgoneta. Ahora hay otra mujer con ellos. Ya __se han ido__ (irse).

La señora Koplowitz va a estar muy preocupada porque las obras no tienen ningún tipo de seguro. Ella está de vacaciones en Barcelona y todavía no __ha vuelto__ (volver) a Madrid. No sé por qué __ha ocurrido__ (ocurrir) este robo. Creo que __ha habido__ (haber) alguna fuente de información dentro de la casa. En el último mes, __han visitado__ (visitar) la casa muchas personas diferentes. Además, en los últimos días, varios obreros __han estado__ (estar) trabajando en la casa. Ah, me __ha abierto__ (abrir) la puerta la empleada. Dice que se despertó con mis gritos, pero que se escondió. Ella ya __ha hablado__ (hablar) con los otros empleados y dicen que no __han oído__ (oír) nada. Bueno, ya __ha llegado__ (llegar) la ambulancia. Sí, podremos hablar más en el hospital.

Suggestions for 5-13. Go over the **Vocabulario útil** with the students. Ask for a few sample questions using the vocabulary. Give students 10–15 minutes to prepare the dialogue.

El pluscuamperfecto de indicativo, páginas 168–169.

Suggestions for 5-14. (1) Before beginning the activity, read with the students the list of businesses. (They really exist!) Ask what people typically do in these places. Then have students suggest what an art thief might do there. (2) Divide the stores and businesses among the students, giving each pair just one or two, depending on the size of the class. Give students 5–10 minutes to do the activity. Then have them share their answers with the class.

2 **5-13 Preguntas.** Ustedes quieren saber lo que ya han hecho el jefe de la investigación y sus agentes para resolver el caso. Representen el diálogo.

MODELO: INTERPOL: ¿Han _entrevistado al vigilante_?

JEFE: No, no hemos _podido hablar con él_ porque _está internado en el hospital_.

INTERPOL: ¿Han _____?

JEFE: No, no hemos _____ porque _____.

Vocabulario útil: sacar fotografías, pedir documentación, entrevistar, descubrir, encontrar pistas o huellas digitales, hacer una hipótesis, telefonear, determinar, identificar, detener, averiguar.

2 **5-14 Pistas.** El jefe de la investigación les ha dado una lista de los lugares en el barrio de Chamartín que los ladrones visitaron durante los meses anteriores al robo. Ustedes entrevistan a un(a) representante de cada lugar. ¿Qué les dijo cada uno(a) de los(las) representantes? Usen el pluscuamperfecto de indicativo.

MODELOS: ■ Sección de Objetos Perdidos
El(La) representante dijo que _un hombre misterioso había llegado a la Sección de Objetos Perdidos. Había perdido un libro sobre el arte de Goya y quería saber si alguien lo había encontrado._

■ Centro de Idiomas Berlitz
La recepcionista dijo que _un hombre y una mujer que cursaban clases intensivas de español no habían vuelto al centro después del 8 de agosto, día en que ocurrió el robo._

Lugares visitados por los ladrones

* el Centro de Atención a Drogodependientes
* el Metro de Madrid
* El Estadio de Fútbol Santiago Bernabéu
* La Vaca Argentina (restaurante)
* Casa Asistencia (reformas y reparaciones del hogar)
* Frias – Photo Kin (cámaras y telescopios)
* Sport Zapico (Taekwondo, Tai Chi y Yoga)
* Joyería J.E.& C. Carrera (Cartier, Chopard, Piaget, Gucci)
* Ferretería América (herramientas manuales y eléctricas)
* Fass (pastelería y cocina típica alemana)
* Centro de Idiomas Berlitz
* The Corner's Clock (taberna irlandesa)
* Oficinas de Correos de Chamartín

1 **5-15 Una carta.** Usted encuentra una carta del cerebro del robo. No se pueden distinguir todas las palabras. Complétela usando mandatos formales.

 Los mandatos formales, páginas 169–171.

Suggestions for 5-15. Depending on the abilities of your class, you may need to write the infinitives on the board.

Compañeros:

Sig<u>an</u> mis instrucciones al pie de la letra. Primero, desconect<u>en</u> la alarma y el circuito cerrado de televisión. Pón<u>ganse</u> se una mascarilla. To<u>quen</u> el timbre. Cuando salga el vigilante, át<u>en</u>lo y táp<u>en</u>le los ojos y la boca. No le permit<u>an</u> escaparse. No se deten<u>gan</u> mucho tiempo en la casa. Ya saben exactamente dónde están los cuadros que el comprador quiere. Va<u>yan</u> directamente a esa habitación. Bus<u>quen</u> los cuadros más valiosos, enróll<u>en</u>los y sal<u>gan</u> del domicilio inmediatamente. Los va a estar esperando un chofer. Súb<u>an</u>se a la furgoneta y manej<u>en</u> al Hotel Chamartín. Allí, separ<u>en</u>se.

Ojinegro y Garza, env<u>ue</u>lv<u>an</u> las obras más pequeñas en papel de regalo y tom<u>en</u> el primer tren que salga de la estación Chamartín. Llám<u>en</u>me cuando lleguen a su destino. Gata y Nena, s<u>i</u>g<u>an</u> manejando. Hag<u>an</u> un recorrido por la ciudad. Pórt<u>en</u>se como si fuera un día como cualquier otro. Desayu<u>nen</u> en Friday's. Ech<u>en</u> una carta al buzón de correos. Pas<u>en</u> por el quiosco de periódicos, compr<u>en</u> una revista y siént<u>ense</u> a leerla. Al mediodía, tom<u>en</u> la autopista que sale de la ciudad y empie<u>cen</u> su viaje a los Pirineos. Cuando lleguen, estaré allí esperándolas para darles más instrucciones. Y no se olvid<u>en</u> de romper esta carta y tirarla en la papelera.

Nos vemos pronto.

El Sabio

Suggestions for 5-16. Give students 5–10 minutes to complete. Follow up by having the whole class give their suggestions.

2 5-16 Recomendaciones. Ustedes cooperan con la policía para preparar una lista de recomendaciones de seguridad para personas que son propietarias de obras de arte valiosas. Completen la lista con tres mandatos formales afirmativos y tres negativos.

Ministerio del Interior
Dirección General de la Policía
Comisaría General de Seguridad Ciudadana

CONSEJOS PARA PROPIETARIOS DE ARTE VALIOSO

Si usted es propietario(a) de una colección valiosa de arte, le sugerimos que siga estas recomendaciones de seguridad.

*Contrate a una compañía de seguridad.
*
*
*

*No le abra la puerta a nadie después del anochecer.
*No
*No
*No

Suggestion for 5-17. Divide the class into four groups and have each write a description of a different thief. Students read descriptions out loud to whole class.
Note to 5-17. Although this activity is set up so that students can use some verbs in the present perfect, they might not do so. We suggest that you let them write the report in the tense that seems most appropriate as their paragraphs develop.

2 5-17 Los ladrones. Ustedes han descubierto los detalles de la vida y crímenes de los ladrones, Ojinegro, Garza, Gata, Nena y el Sabio. Escriban una descripción de uno de ellos, incluyendo los pormenores de su actividad criminal.

MODELO: Fernando Flores Alarcón, conocido como el Sabio, ha sido investigado por robos, narcotráfico y atracos de banco. Flores también ha intentado asesinar a varias personas, entre ellas, a la abogada feminista Carolina Méndez Peña. En 2000 fue condenado a 10 meses de prisión por haber provocado varios incendios en el barrio Chamartín. Últimamente, la policía de Islas Canarias lo ha visto en la playa practicando el buceo, la navegación en vela y otros deportes acuáticos. En los meses anteriores al robo de cuadros, había pasado días enteros levantando pesas en un gimnasio cerca de la casa de la señora Koplowitz, donde conoció a...

REFLEXIONES

LECTURA Madrid, capital europea de la noche

Suggestions for 5-18. Assign different questions to small groups. Have them report their discussion to the class. You may also wish to assign question 3 as written HW.

Antes de leer

G 5-18 La vida nocturna. Comenten las siguientes preguntas.

1. En su país, ¿qué ciudad(es) se conoce(n) por su vida nocturna? ¿Por qué? ¿Las han visitado ustedes? ¿Cuándo? ¿Qué hicieron?

2. ¿Qué tipo de locales se encuentran en las áreas más activas de estas ciudades? ¿Qué se puede hacer en estas zonas? ¿Qué tipo de personas las frecuentan?

3. Describan el centro de su ciudad después del atardecer. ¿Hay mucha o poca actividad? ¿Cuál es la zona más movida de la ciudad por la noche? Descríbanla.

4. ¿Adónde van ustedes para conocer a nuevas personas? ¿Qué lugares atraen a la gente joven? ¿A los alternativos? ¿A la gente mayor? ¿Y a…?

5. Cuando ustedes salen de noche para divertirse, ¿suelen quedarse en un local o van de un local a otro? ¿Por qué?

2 5-19 Palabras en contexto. Traten de determinar el significado de las palabras en cursiva según el contexto en que aparecen.

1. En el área universitaria se encuentra un *montón* de estudiantes con ganas de fiesta.

   a. una cantidad pequeña de cosas o personas

   (b.) gran número de cosas o personas

2. Cuando usted pasa la noche en Madrid, tómese unas copas, diviértase, escuche música y baile hasta *la madrugada*.

   (a.) el principio del día

   b. la caída del sol

3. Las tapas, que son pequeñas porciones de queso, legumbres, carne, pescado o tortilla, pueden sustituir fácilmente a una comida *de mesa y mantel*.

   (a.) servida en un restaurante

   b. preparada en casa

4. ¿Prefiere la locura y el *entorno* de las discotecas?

   (a.) ambiente

   b. el área que está más cerca

5. La Plaza de Santa Ana es una de las áreas más *concurridas* de Madrid por sus muchos y variados cafés teatro, cervecerías, pequeños bares y restaurantes abiertos hasta altas horas de la mañana.

   a. aburridas, cansadas

   (b.) populares, con mucha gente

Diccionario en breve

caña: vaso pequeño de cerveza

churro: dulce de harina frito en aceite y espolvoreado con azúcar

garito: establecimiento o local de diversión

juerga: diversión, parranda

tasca: taberna

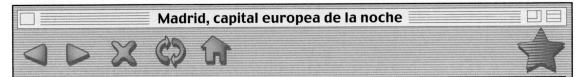

Madrid, capital europea de la noche

La "movida" madrileña

Animadísima. Inolvidable. Sin igual. La famosa "movida" de la gran ciudad de Madrid empieza apenas cae el sol. Desde este momento hasta bien entrada la noche la capital no duerme. Por el contrario, se llena de jóvenes que pasan las horas saltando de local en local en busca de diversión, fiesta y juerga. Cuando venga a Madrid, no se la pierda. Tómese unas copas, diviértase, déjese ver, conozca los lugares más de moda, escuche música y baile hasta la madrugada.

¿Qué hacer?

Si es su primera noche en Madrid, le recomendamos que se prepare para la marcha. Primero, haga una reserva en un restaurante u opte por la posibilidad de salir de tapas en varios locales. Las tapas, que son pequeñas porciones de queso, legumbres, carne, pescado o tortilla, pueden sustituir fácilmente a una comida de mesa y mantel. Segundo, decida cómo va a pasar el tiempo: ¿quiere sentarse en conversación íntima con los amigos? ¿Prefiere la locura y el entorno de las discotecas? ¿Quiere asistir a un espectáculo? ¿escuchar música? ¿ir de copas? ¿O le gustaría hacerlo todo? Tercero, escoja la zona de su movida. Cada área de la ciudad tiene distinto ritmo y ambiente. Por último, tenga en cuenta que a medida que avanza la noche, los bares y las tascas van cerrando y las discotecas se llenan. Al cerrar éstas, todavía le quedará tiempo para tomar el típico chocolate con churros en una de las muchas panaderías o cafeterías que abren por la mañana temprano.

¿Por dónde moverse?

Aquí mencionamos sólo algunas de la zonas más clásicas para salir por la noche.

- **Santa Ana-Huertas**
  Cerca de la Puerta del Sol, se encuentran la **Plaza de Santa Ana** y la calle **Huertas.** Esta zona, una de las más concurridas de Madrid y al mismo tiempo una de las más frecuentadas por extranjeros, tiene cafés teatro, tablaos de flamenco, cervecerías, tascas, pequeños bares y restaurantes abiertos hasta altas horas de la mañana. En la plaza de Santa Ana podrá sentarse en alguna de las pequeñas terrazas abiertas durante el verano. Quédese en esta área toda la noche si prefiere no moverse de zona en zona.

- **Chueca**
  La **Plaza de Chueca** es el centro de un barrio que a comienzos de los 90 se convirtió en la zona gay de Madrid. Por los alrededores de esta plaza hay locales de tatuaje y *piercing,* peluquerías donde poner los pelos de punta, tiendas y restaurantes de moda, divertidísimos locales de actuación y bares de copas, algunos gays y otros mixtos, con una muy variada oferta de tapas. A cualquiera hora la plaza está llena de gente, pero al caer la noche ya no se puede dar ni un paso. Todas las culturas, subculturas y tribus urbanas de la ciudad, desde los gays hasta los alternativos, convergen aquí en lo que es el barrio más original y cosmopolita de Madrid.

 Antes de comenzar: Lea *la Estrategia de lectura Nº 5,* en la sección *Al estudiante.*
Al leer: Lea primero de manera rápida el artículo para obtener una idea global de su contenido. Apúntela aquí: _____

Madrid, capital europea de la noche

• **Moncloa-Argüelles**

Si prefiere moverse por una zona con ambiente juvenil, no deje de pasar por el área de Moncloa-Argüelles. Situada en las cercanías de la Ciudad Universitaria, por aquí se encuentran un montón de estudiantes con ganas de fiesta y un sinfín de locales de gran animación para tapear y tomarse cañas y copas.

• **Malasaña**

Por último, debemos mencionar el barrio de la **Malasaña,** cuyo centro es la histórica Plaza del 2 de Mayo. De ambiente bohemio y *underground,* en esta zona coexisten oscuros garitos de música rockera, algunos de los bares más tranquilos de toda Madrid y unos cafés literarios interesantísimos.

Breve abecedario del tapeo

Aprenda algunos de los nombres de las tapas madrileñas más exquisitas y a la vez un poco sobre el lenguaje particular del tapeo.

Albóndigas: bolitas de carne o pescado picado, fritas o guisadas

Banderillas: tapas pinchadas en un palillo (término taurino)

Boquerones en vinagre: semejantes a la sardina y más pequeños

Canapés: rebanadas de pan encima de las cuales se colocan queso, pescado, jamón, etc.

Chato: vaso pequeño de vino

Callos: pedazos del estómago de la vaca, ternera o carnero guisados

Ensaladilla rusa: mezcla fría de atún, patatas, guisantes, zanahorias y mayonesa

Gambas al ajillo: gambas cocidas en aceite de oliva y ajo

Jamón serrano: jamón curado

Patatas bravas: patatas en salsa o sofrito de tomate picante

Picar: tomar una pequeña parte de comida

Pinchos: banderillas

Pulgas: bocadillos pequeñitos

Ronda: distribución de copas de vino a un grupo de personas

Salpicón de mariscos: mezcla fría de pedazos de mariscos en vinagreta

Tinto de verano: vino con gaseosa

Tortilla de patata: fritada de huevos batidos con patatas y cebolla

Reading: Have students read *Estrategia de lectura N° 5,* in *Al estudiante,* and **Madrid, capital europea de la noche** as HW. Students should complete the *Al leer* activity before coming to class. In class, students share their answers prior to discussing the text.

Notes for *Lectura.* In Spain, the word *marcha* is used to refer to the night life or party atmosphere of a city or place. *La marcha* is where the action is. Similarly, *movida* means scene or action. The term *la movida madrileña* refers to the artistic and cultural movement of the late seventies and early eighties in Madrid, which is considered to be emblematic of Spain's transition to a modern democracy. This movement led to a revitalization in the arts, fashion, and urban culture, and is primarily associated with the films of Pedro Almodóvar and such "pop" musicians as Alaska (Los Pegamoides) and Mecano.

G 5-20 Comprensión. Contesten las siguientes preguntas.

1. ¿A qué hora comienza la movida en Madrid? ¿Cómo se la describirían ustedes a una persona que nunca ha visitado España?

2. ¿Cómo le describirían las tapas a una persona que nunca las ha probado?

3. ¿Cuándo se abren las discotecas en Madrid? ¿Cuándo se cierran?

4. ¿Qué se puede hacer al terminar la marcha?

5. ¿Cuál de las zonas mencionadas probablemente tiene un ambiente parecido al del Village neoyorkino o al del Castro de San Francisco? Expliquen.

6. ¿Cuáles son por lo menos cinco cosas diferentes que se pueden hacer durante una noche en Madrid?

7. ¿A qué zona irían primero si estuvieran en Madrid? ¿Por qué?

G 5-21 Nuestra movida. Imagínense que ustedes acaban de regresar de una larga noche de movida en su ciudad. Preparen un resumen de todo lo que han hecho durante la noche. Compartan su resumen con la clase.

PASOS A LA ESCRITURA Un resumen

Tema: Escribir un resumen

En esta sección, usted escribirá un resumen de una película española recomendada por su profesor(a). Las actividades lo(la) ayudarán a expresar brevemente el contenido de la película y a elaborar una opinión sobre la misma.

Prepararse

1 5-22 Antes de empezar. Busque la siguiente información sobre la película, usando Internet. Apunte sus respuestas en una hoja aparte.

- el nombre del cineasta

- los temas que él(ella) trata en sus películas

- películas famosas

1 5-23 Al mirar. Mire la película una o más veces hasta que pueda contestar cada una de estas preguntas.

El escenario: ¿En qué ciudad y/o lugares transcurre la acción? ¿Cuándo?

Los personajes: ¿Quiénes son los personajes principales? ¿Qué edad tiene cada uno? ¿En qué trabaja? ¿Quién es el (la) protagonista? ¿Cuál es el problema principal de este personaje? ¿Qué relaciones existen entre este personaje y otros personajes importantes? ¿Qué representa el(la) protagonista? ¿Representa, por ejemplo, un comportamiento típico?, ¿un grupo determinado de personas?, ¿un valor social particular?, ¿la vida en general de cierto segmento de la sociedad?

La trama: ¿Qué ocurre y cómo se resuelve la acción?

Instructions for Pasos a la escritura. (1) View one film in class (allow 2 hours) or assign various films to different groups of students for viewing as HW. Suggested films that can be rented from video stores: Pedro Almodóvar's *Mujeres al borde de un ataque de nervios, Flor de mi secreto.* For native speakers, or more advanced students, you may wish to use Fernando Trueba's *Belle Époque* or Carlos Sauras's *¡Ay, Carmela!* **Suggestions for 5-22:** Assign as a pre-viewing activity and discuss findings in class.

Preview for 5-23: Have students jot down the following questions: *¿dónde?, ¿cuándo?, ¿quién(es)?, ¿problema(s)?* Direct them to answer the questions in note form as they watch the film. **Suggestions for 5-23.** Explain the difference between *trama* and *tema.* Divide the class into groups and give them 15–20 minutes to discuss their answers to the questions.

1 **5-24 Impresiones.** Complete dos o más de las siguientes oraciones para elaborar sus propias impresiones sobre la película.

■ Lo curioso e intrigante de esta película es _____.

■ La trama es originalísima puesto que _____.

■ Es extraño (sorprendente) que la película termine con _____ porque _____.

■ Lo fascinante es la manera en que se presenta(n) _____.

Suggestions for 5-24: Have students share their answers with whole class, using their observations as an opportunity for class discussion and for clarifying questions they may have about the film.

Organizarse

1 **5-25 ¡Preparemos el borrador!** Siga los pasos a continuación, usando la información que apuntó en las actividades anteriores para elaborar su borrador.

1. Escriba una introducción breve usando una de las estrategias siguientes:
   a. Datos específicos sobre la película (fecha de estreno, tipo, nombre del director, actores, etc.).
   b. Pregunta(s) sobre la película o el cine español en general.
   c. Descripción del tema de la película.
2. Elabore un párrafo para cada uno de estos aspectos de la película: los personajes, la trama, el tema.
3. Escriba una conclusión usando una de las estrategias siguientes:
   a. Presentar sus reacciones personales a la película.
   b. Aconsejar a sus amigos que vean la película, explicando por qué deben hacerlo.
4. Escriba un título que exprese el tema de la película o su opinión personal.

Leer con ojo crítico

1 **5-26 ¡Cuidado!** Revise su resumen usando las siguientes preguntas para guiarse. Cuando termine, pase el resumen en limpio según las instrucciones de su profesor(a).

1. ¿Ha incluido toda la información pertinente en la introducción? ¿Falta algo?
2. ¿Ha incluido toda la información pertinente en los otros párrafos? ¿Hay suficientes detalles? ¿Cree que el lector podrá "ver" la película que usted describe?
3. ¿Ha presentado sus reacciones adecuadamente? ¿Faltan algunos detalles?
4. ¿Ha usado los verbos *ser, estar* y *haber* correctamente?, ¿un vocabulario preciso?, ¿el subjuntivo para expresar sus reacciones?, ¿los tiempos pasados cuando fueron necesarios?
5. ¿Ha usado un diccionario para corregir errores de ortografía y acentuación?
6. ¿Ha incluido un título llamativo? ¿Refleja de manera exacta el tema de la película? ¿Refleja de manera exacta su opinión personal?

COMPARACIONES CULTURALES

Las casas-cueva de Guadix

Optional for 5-27. For question #2, give students a transparency and markers. Have students design and draw a new "house" out of an unusual structure. Have them write a description of their house and present it to the class.

G **5-27 Viviendas.** Contesten las siguientes preguntas.

1. Hagan una lista de las ventajas y desventajas de vivir en dos de las siguientes viviendas poco comunes: a) un barco de vela b) un garaje c) un autobús d) un ático e) un vagón de tren abandonado

2. ¿Qué otras construcciones, vehículos y lugares podrían convertirse en viviendas? ¿Cuáles serían sus atractivos?

3. ¿Qué tipos de viviendas poco comunes existen en su comunidad? ¿En qué parte de la ciudad se encuentran? ¿Quiénes viven en ellas?

Información de fondo

Las casas-cueva de Guadix

Casas-cueva: Más de diez millones de personas de todo el mundo viven en cuevas. En España, más de 40.000 personas viven en estas económicas casas subterráneas. Las más famosas son las cuevas del Sacromonte en Granada, donde los gitanos vivieron durante siglos.

Guadix: La riqueza histórica y cultural de Guadix es extraordinaria. Cuna de una de las colonizaciones humanas más antiguas de España, también fue importante colonia romana que después cayó en manos de los godos y luego en manos de los árabes. Fue tanta su grandeza durante esta época que no se sabe con certeza si era más importante Granada o Guadix. Cuando los Reyes Católicos reconquistaron la región, los árabes fueron expulsados de la ciudad por motivos religiosos. Marginados de la sociedad y obligados a abandonar sus casas, buscaron refugio en las colinas que rodeaban la ciudad y picaron cuevas en los terrenos blandos.

C. *Por* or *Para*

2.19 ¿Recuerda Ud.? Usos básicos de **por** y **para**

- Viajamos **por** la región andina **por** tres días.
- Cuando estoy en la costa me gusta dar un paseo **por** la playa **por la tarde**.
- Quique me vendió su libro de geografía **por** veinte dólares.
- Salimos **para** Bolivia esta tarde.
- El examen sobre la historia de los incas es **para** el lunes.
- Una cámara sirve **para** sacar fotos.
- María, ¿no tienes tu propia cámara? Entonces, esta cámara es **para** ti.

2.20 Making Connections to What You Already Know. Based on the examples in 2.19, decide whether the following rules apply to **por** or to **para**.

Por / Para is used . . .

1. _____ in expressions of time
2. _____ to refer to movement toward a destination
3. _____ to refer to movement through or along
4. _____ to express a deadline or when looking ahead to something that is not yet done
5. _____ to express price or quantity
6. _____ before an infinitive to express *in order to*
7. _____ to refer to the duration of an event
8. _____ to refer to the person who is the recipient of an action

2.21 Did You Also Know That . . .?

por...

■ **is used in a number of set phrases.**

por ello	*because of that*	por fin	*at last, in the end*
por ejemplo	*for example*	por lo general	*generally*
por aquí	*around here*	por supuesto	*of course*
por lo menos	*at least*		

■ **is used to express** *instead of / in the place of.*

Esteban esquió por Lina en el festival.   *Steve skied in place of Lina in the festival.*

■ **can express the motive or reason behind an action or situation.**

Por caminar tanto, le dolían los pies.   *Because he walked so much, his feet hurt.*

■ **is used with estar to suggest that the subject is thinking about doing something.**

Mi esposa está **por** salir.   *My wife is thinking about leaving.*

■ **expresses that something has not yet been done.**

Todavía tengo las maletas **por** hacer.   *I still have to pack my bags.*

■ **is used to express** *for* **when it means** *to get something from somewhere.*

Miguel fue **por** otros rollos de película.   *Miguel went to get more rolls of film.*

para...

■ **is used to express** *for* **when it means** *on behalf of (for the benefit of).*

Nora trabaja **para** una aerolínea argentina.   *Nora works for an Argentine airline.*

■ **is used with estar to indicate that something is about to happen.**

Creo que está **para** llover.   *I think it's about to rain.*

■ **is used to make a comparison.**

Para un principiante, su amigo sabe mucho sobre el montañismo.   *For a beginner, your friend knows a lot about mountain climbing.*

2.22 Test Yourself! Supply the missing prepositions in the tourism advertisement. Use **por** or **para** only.

¡Viajen (1)_____ **la región andina con nosotros!**
Agencia Todoturismo

- No esperen. Pasen (2)_____ nuestras oficinas (3)_____ obtener información sobre nuestras excursiones.
- Tenemos excursiones (4)_____ Navidad y también (5)_____ Semana Santa.
- ¿Necesitan más razones (6)_____ viajar? Háganlo (7)_____ su salud mental.
- No se preocupen (8)_____ los detalles.
- Pueden viajar (9)_____ solamente $2.000.
- Tenemos una gran variedad de giras (10)_____ todo tipo de cliente.

CAPÍTULO 3

A. The Future

3.1 ¿Recuerda usted? El futuro

- Vosotros <u>veréis</u> muchas ovejas en el campo cuando visitéis Chile en junio.
- ¿Comerá usted frijoles con carne mañana por la noche?
- (Yo) Venceré el miedo e iré a la selva el próximo verano.
- ¿Traerás (tú) las uvas mañana?
- Mis tíos llegarán a la finca en marzo en época de cosecha.
- Exploraremos (nosotros) el río Paraná durante el otoño.

La cosecha

3.2 Making Connections to What You Already Know. Follow the instructions, answer the question, and fill in the blanks.

1. Underline the future tense in each sentence in 3.1. Pay attention to the form.

2. Write the infinitive of each underlined verb: _____, _____, _____, _____, _____, _____.

3. Fill in the future endings for each person.

   yo _____   nosotros _____
   tú _____   vosotros _____
   él, ella, Ud. _____   ellos(as), Uds. _____

4. What punctuation is used in all but the **nosotros(as)** form of the verb? _____

5. The future is formed by adding the appropriate endings to the _____ form of the verb. All forms have a written accent on the _____ syllable except for the _____ form.

3.3 ¿Recuerda usted? Verbos con raíces irregulares en el futuro

■ ¿Querrás acompañarme mañana al restaurante precolombino?

■ ¿Podremos navegar por el río Amazonas cuando vayamos a Brasil?

■ ¿Sabrá Juan dónde puse mi libro de historia precolombina?

■ ¿Cabremos todos en la canoa?

■ ¿Habrá tiempo para explorar las regiones más antiguas de Cuzco?

■ Tendremos tiempo si nos damos prisa.

■ Pondré el comal en la cocina para cuando lo necesites.

■ ¿Cuándo saldrán los astronautas a conquistar nuevos mundos?

■ María vendrá a visitarnos en junio.

■ ¿Un brazalete de oro valdrá más que uno de plata?

■ ¿Harás tortillas mañana?

■ Te diré la verdadera historia de la conquista del Nuevo Mundo.

Un comal

3.4 Making Connections to What You Already Know. Follow the instructions.

1. Underline all future tense verbs in 3.3.

2. Write the irregular stem for each of the following verbs that appear in 3.3.

   querer _____   salir _____   hacer _____
   saber _____   poner _____   decir _____
   poder _____   venir _____
   haber _____   valer _____
   caber _____

3.5 Did You Also Know That . . .?

the future tense . . .

■ **can be used to express probability or to wonder about something in the present.**

Juan no quiere hacer el viaje por la selva. **Tendrá** miedo.	*Juan doesn't want to make the trip. He's probably afraid.*

■ **cannot be used to ask somebody to do something for you, as in English. In this case, the verb querer + *an infinitive* is used.**

¿**Quiere** limpiar los platos de plata?	*Will you clean the silver plates?*

3.6 Test Yourself! Use these phrases in the future tense to imagine the reasons for Maritza's reactions: **no ser aventurera, tener alergia a los cacahuates, no querer marearse, preferir el oro, no saber que la comida es deliciosa, temer perderse**

MODELO: Maritza no quiere comer los cacahuates que le ofrecí.
          Tendrá alergia a los cacahuates.

1. Maritza no quiere visitar Machu Picchu.
2. No quiere explorar la cueva conmigo.
3. No quiere navegar por el río Amazonas.
4. No quiere cenar en un restaurante precolombino.
5. No quiere ponerse el brazalete de plata que le di.

B. The Conditional

3.7 ¿Recuerda usted? El condicional

■ ¿Qué harían Carlos y Juan con más tiempo?

Explorarían la pampa peruana.

■ ¿Qué harías tú con un pasaje de ida y vuelta a Perú?

Recorrería el Camino Inca.

■ ¿Qué haríais vosotros con una invitación a pasar un verano en Ecuador?

Aprenderíamos a hablar español.

■ ¿Qué haría su profesor(a) de arte con una herencia de 50.000 dólares?

Iría a los países andinos.

3.8 Making Connections to What You Already Know. Follow the instructions, answer the questions, and fill in the blanks.

1. In the second column of 3.7, underline all verbs that state what the subject would do under the circumstances given. The underlined verb is called the conditional.

2. Fill in the endings for each person in the conditional.

yo	_____	nosotros	_____
tú	_____	vosotros	_____
él, ella, Ud.	_____	ellos(as), Uds.	_____

3. What do the endings for **yo** and **él, ella, usted** have in common?
   _____

4. Make note of the special punctuation involved in all the forms.
   _____

5. The conditional is formed by adding the appropriate endings to the _____ form of the verb. All forms have an accent on the letter _____.

6. Verbs with an irregular stem in the future also have an irregular stem in the conditional. Next to each infinitive, write the first-person singular of the conditional.

querer _____   salir _____   hacer _____
saber _____   poner _____   decir _____
poder _____   venir _____   caber _____
haber _____   valer _____

3.9 Did You Also Know That . . .?

the conditional tense . . .

■ **can be used to express past probability or to wonder about something that may have happened in the past.**

¿**Llevaría** insecticida Juan?   *I wonder if Juan took along some insect repellent.*

■ **can be used to make a polite request or suggestion, particularly with verbs like poder, preferir, desear, deber, and querer.**

¿Me **podría** pasar los frijoles, por favor?   *Would you pass the beans, please?*

■ **can never be used to express the English *would* when it means *used to*. In this case, the imperfect is used in Spanish.**

Cuando era joven, **leía** mucho.   *When I was young, I would read a lot.*

3.10 Test Yourself! What would you do if you were on a South American camping trip instead of Miguel?

MODELO: Miguel sólo habla inglés. No practica español.
          Yo *hablaría solamente español. Lo practicaría mucho.*

1. Miguel hace arroz con pollo todos los días.
2. Miguel no se pone insecticida.
3. Miguel sale a caminar solo por las montañas.
4. Miguel les dice malas palabras a sus compañeros.

C. Las preposiciones

3.11 ¿Recuerda usted? Las preposiciones

- ¿Qué veremos **en** la finca **de** mi abuelo?
- Voy **con** Galo para ver las líneas **de** Nazca.
- Mis tíos irán **a** la finca **en** marzo.
- Los incas usaban collares **de** oro.
- ¡La vaca está **en** el jardín! ¿Qué pasó?
- Los conquistadores viajaban **en** barco y **a** pie.
- Decidieron comenzar el viaje **a** las 4 **de** la mañana.
- ¿**A** cuánto están las papas? **A** dos pesos el kilo.

Un collar de oro

3.12 Making Connections to What You Already Know. Based on the examples in 3.11, indicate which preposition(s) express(es) the following notions.

a. Destination   _____
b. Location   _____
c. Direction   _____
d. Time   _____
e. Possession   _____
f. Manner or means   _____
g. Origin or material _____
h. Accompaniment   _____
i. Cost   _____

3.13 Did You Also Know That . . .?

| de can be used to express . . . |

- **cause.**

  Murió **de** una enfermedad exótica.   *He died of an exotic illness.*

- **function.**

  Navegaron en un barco **de** vela.   *They sailed in a sailboat.*

- **occupation.**

  La indígena sirvió **de** guía.   *The Indian served as a guide.*

- **condition.**

  El monte está cubierto **de** árboles.   *The hill is covered with trees.*

- **a distinctive characteristic.**

  Cuando el indígena vio al hombre **de**   *When the Indian saw the man with the*
  la barba blanca, sintió miedo.   *white beard, he felt afraid.*

| certain verbs require . . . |

- **specific prepositions (often different from the ones required in English).**

  a: acostumbrarse a, empezar a, echarse a, etc.

  con: contar con, soñar con, etc.

  de: acabar de, acordarse de, darse cuenta de, dejar de, depender de, enamorarse de, estar seguro de, olvidarse de, tratar de, etc.

  en: entrar en, insistir en, pensar en, tardar en, etc.

- **a preposition in English but not in Spanish and vice versa.**

  buscar = *to look **for***   acercarse **a** = *to approach*
  desear = *to desire **to***   casarse **con** = *to marry*
  sentarse = *to sit **down***   desconfiar **de** = *to mistrust*

3.14 Test Yourself! Fill in the blank with **a, con, de,** or **en.**

1. Cristóbal Colón era un hombre _____ mucho talento.
2. Los indígenas lavaban su ropa _____ el río.
3. Algunas tribus recibieron a los exploradores _____ entusiasmo.
4. ¿_____ qué materiales hacían su ropa los indígenas?
5. Hernán Cortés se enamoró _____ la Malinche.
6. Los exploradores se acostumbraron _____ una vida muy dura.
7. Los conquistadores dependían _____ sus armas y su talento.
8. Los misioneros que protegían a los indios soñaban _____ un futuro mejor.

CAPÍTULO 4

A. The Present Subjunctive

Forms of the Present Subjunctive

4.1 ¿Recuerda usted? Para formar el presente del subjuntivo

- Dudo que todos los ciudadanos **voten** en las elecciones nacionales.
- Miguel quiere que su hermano **se mude** con él a otro apartamento.
- La profesora espera que yo le **escriba** desde San José.
- Mi madre prefiere que mi hermano y yo no **llevemos** mucho dinero en efectivo durante el viaje.
- Es bueno que (tú) **ahorres** el 25 por ciento de tu salario cada mes.
- Es una lástima que ellos **tengan** tantas deudas.
- No creo que María **salga** de su casa en todo el día porque está preparando su presupuesto para el viaje.
- Es importante que ustedes **lean** algo acerca de la historia de los países que vamos a visitar antes de salir.
- Es sorprendente que Felipe no **entienda** el sistema métrico puesto que es español.
- Les recomiendo a todos que **duerman** durante el vuelo a Centroamérica.

4.2 Making Connections to What You Already Know. Follow the instructions and fill in the blanks.

1. Write the infinitive form of the bolded verbs from 4.1 in the following table. Then, next to each infinitive, write the corresponding **yo** form in the present tense.

-ar verbs	-er verbs	-ir verbs
votar: voto	_____	_____
_____	_____	_____
_____	_____	_____
_____		

2. In order to form the present subjunctive, you need to drop the **-o** ending of the first-person singular of the _____ tense and add the present subjunctive endings, which have the so-called "opposite vowel": _____ for **-ar** and _____ for **-er** and **-ir** verbs.

3. Write the present subjunctive forms for the following verbs and subjects.

   a. comer/yo _____

   b. gastar/tú _____

   c. estudiar/ella _____

   d. vivir/nosotros _____

   e. venir/tú _____

   f. leer/Ud. _____

   g. tener/yo _____

   h. mirar/vosotros _____

   i. servir/ustedes _____

   j. pensar/él _____

   k. querer/ellos _____

   l. ponerse/tú _____

4.3 Did You Also Know That . . .?

■ **a few verbs have irregular stems in the present subjunctive.**

dar: dé, des, dé, demos, deis, den

estar: esté, estés, esté, estemos estéis, estén

haber: haya, hayas, haya, hayamos, hayáis, hayan

ir: vaya, vayas, vaya, vayamos, vayáis, vayan

saber: sepa, sepas, sepa, sepamos, sepáis, sepan

ser: sea, seas, sea, seamos, seáis, sean

■ **a number of verbs exhibit spelling changes *in all forms*.**

c → qu: tocar, sacar, buscar, explicar
tocar: to**que** (*not* toce)

g → gu: llegar, pagar, entregar
llegar: lle**gue** (*not* llege)

z → c: alcanzar, rezar, abrazar
alcanzar: alcan**ce** (*not* alcanze)

g → j: escoger, dirigir, elegir
escoger: esco**ja** (*not* escoga)

c → z: vencer, empezar, convencer
vencer: ven**za** (*not* venca)

gu → g: seguir, conseguir
seguir: si**ga** (*not* sigua)

■ **stem-changing -ar and -er verbs have the same stem changes in the present subjunctive as in the present indicative.**

pensar: piense, pienses, piense, pensemos, penséis, piensen

volver: vuelva, vuelvas, vuelva, volvamos, volváis, vuelvan

■ **stem-changing -ir verbs have the same stem changes as in the present indicative, except that the nosotros and vosotros forms have a different change.**

servir: sirva, sirvas, sirva, sirvamos, sirváis, sirvan

dormir: duerma, duermas, duerma, durmamos, durmáis, duerman

sentir: sienta, sientas, sienta, sintamos, sintáis, sientan

Uses of the Present Subjunctive

4.4 ¿Recuerda usted? El indicativo y el subjuntivo

A. Usos del indicativo y del infinitivo

1. Estoy seguro que no **puedo** ir contigo a Tabacón.
2. Es cierto que las ranas cristal **habitan** en Costa Rica.
3. (Yo) Creo que la moneda oficial de Panamá **es** el balboa.
4. En Honduras es recomendable **visitar** la ciudad maya de Copán.
5. Marisa quiere **vivir** en el extranjero.
6. Carlos espera **sacar** fotos de las esferas de piedras.
7. El señor Ocampo prefiere **ver** las ruinas de Tikal, Guatemala.

Una estatua maya

B. Usos del subjuntivo

1. No estoy seguro que la profesora **pueda** ir con nosotros a Tabacón.
2. No es verdad que las ranas cristal **habiten** en España.
3. Dudo que la moneda oficial de Nicaragua **sea** el peso.
4. En Honduras es recomendable que tú **visites** la ciudad maya de Copán.
5. Marisa quiere que su hija **viva** en el extranjero.
6. Carlos espera que sus compañeros **saquen** muchas fotos de las esferas.
7. El señor Ocampo prefiere que sus estudiantes **vean** las ruinas de Tikal.

Esferas de piedra en
Costa Rica

4.5 Making Connections to What You Already Know. Follow the instructions and answer the questions.

1. What word is used to connect the two clauses of many of the examples in 4.4?
   _____. This word is a conjunction. Notice that it precedes the subject and verb in the second (dependent) clause.

2. a. In sentences 5 to 7 of section B, underline the subject and corresponding verb of the first clause and circle the subject and corresponding verb of the second clause.

   b. Study sentences 5 to 7 of section A carefully. Now circle the correct word to complete the following rules:

   ■ The *subjunctive / infinitive* is used in the second (dependent) clause in sentences where the subject of both clauses is the same.

   ■ The *subjunctive / infinitive* is used in the second (dependent) clause in sentences where the subject of both clauses is different.

   ¡OJO! English commonly uses an infinitive whether the subjects are different or not:

   Mary wants to live abroad.
   Mary wants her daughter to live abroad.

3. Why use the subjunctive at all? Based on the examples in 4.1 and 4.4, check all responses that apply.

The subjunctive is used in the second (dependent) clause when the verb in the first (main) clause indicates:

a. _____ an opinion or judgment

b. _____ doubt, denial, or uncertainty

c. _____ a fact

d. _____ an emotional reaction

e. _____ a recommendation or suggestion

f. _____ belief or certainty

g. _____ a preference or desire

4.6 Did You Also Know That . . .?

■ **many other verbs and impersonal expressions require the use of the subjunctive. Such verbs are always found in the main clause.**

Wishes, recommendations, suggestions, and requests

aconsejar	*to advise*	querer	*to want*
esperar	*to hope*	recomendar	*to recommend*
insistir en	*to insist upon*	(no) es importante	*it is (not) important*
pedir	*to ask for, request*	(no) es preciso	*it is (not) necessary, essential*
preferir	*to prefer*	sugerir	*to suggest*

Doubt, uncertainty, disbelief, and denial

dudar	*to doubt*	negar	*to deny*
no creer (pensar)	*not to believe (think)*	no estar seguro(a) (de)	*not to be sure*
no es verdad (cierto)	*it is not true (certain)*	no es (está) claro	*it is not clear*
no es obvio	*it is not obvious*	es dudoso	*it is doubtful*

Emotions, opinions, and judgments

alegrarse de	*to be glad*	(no) es bueno/malo	*it is (not) good/bad*
esperar	*to hope*	(no) es inevitable	*it is (not) inevitable*
gustar	*to please*	(no) es una pena	*it is (not) a shame*
lamentar	*to be sorry*	(no) es sorprendente	*it is (not) surprising*
sentir	*to regret, be sorry*	(no) es (una) lástima	*it is (not) a pity*
temer	*to fear*	(no) es triste	*it is (not) sad*

Un quetzal

■ **the subjunctive cannot be used in a statement when the main verb is pensar or creer in the affirmative.**

Pienso que la comida favorita del quetzal es el aguacatillo.

I think that the quetzal's favorite food is a type of small avocado.

■ **the subjunctive can be used in questions when the main verb is pensar or creer.**

¿Piensas que el gobierno respete los derechos indígenas?

Do you think the government respects indigenous people's rights? (The speaker doubts that the government does respect their rights.)

Note: Use of the indicative in questions using **pensar** and **creer** indicates that the speaker is simply asking for information and does not know the answer.

■ **with certain verbs (aconsejar, permitir, prohibir, recomendar, sugerir) the infinitive and the indirect object pronoun can be used instead of the subjunctive.**

Les recomiendo a los estudiantes visitar la Finca de Mariposas en Costa Rica.
I recommend that students visit the Butterfly Farm in Costa Rica.

■ **you use the subjunctive with acaso, quizá(s), and tal vez (all meaning *perhaps*) whenever you wish to express uncertainty.**

4.7 Test Yourself! Write the correct form of either the present subjunctive or present indicative of the verb given in parentheses as required.

1. Es sorprendente que _____ (haber) tantos volcanes en Centroamérica.

2. Siento que tú no _____ (venir) con nosotros en nuestra excursión a las ruinas mayas.

3. Cuando voy de compras a los grandes almacenes, generalmente _____ (pagar) al contado por todo.

4. Es preciso que todos _____ (hacer) copias de sus documentos importantes cuando estén de viaje.

5. Pensamos que los turistas no _____ (deber) criticar a nuestro país y gobierno.

6. Es importante que (tú) _____ (ser) cordial con la gente que encuentres.

7. Luisita se alegra de que su hermana también _____ (poder) ir al bosque lluvioso.

8. El profesor Villegas duda que el gobierno _____ (resolver) los problemas causados por el influjo de inmigrantes al país.

B. Direct and Indirect Object Pronouns

Direct Objects

4.8 ¿Recuerda usted? Los complementos directos

IVÁN: *Vi* un documental sobre la naturaleza y vida silvestre de Costa Rica.

REMEDIOS: ¿De veras? ¿Cuándo **lo** viste?

IVÁN: **Lo** vi anoche. También *conocí* a la productora del documental, una mujer costarricense muy interesante.

REMEDIOS: ¿Dónde **la** conociste?

IVÁN: **La** conocí en el cine Robles donde ponía el documental. Esta mujer también *ha producido* dos vídeos sobre Monteverde, uno de los bosques nubosos más famosos del mundo.

Un bosque nuboso

REMEDIOS: ¡Cómo me gustaría ver**los**!

IVÁN: A mí también. La misma mujer *está filmando* un documental sobre las mariposas.

REMEDIOS: ¿Dónde está filmándo**lo**? (¿Dónde **lo** está filmando?)

IVÁN: En las regiones tropicales de Centroamérica y Sudamérica. *Admiro* a las personas que se dedican a la filmación documental.

REMEDIOS: Bueno, ¿y por qué **las** admiras?

IVÁN: **Las** admiro porque son personas tan inquisitivas. ¿Te gustaría venir a mi casa esta noche para *ver* una película que se hizo en Costa Rica? Se llama *El caso de los quetzales desaparecidos*.

REMEDIOS: Sí, quiero ver**la** (**La** quiero ver). ¿**Me** llamas más tarde para ponernos de acuerdo sobre la hora?

IVÁN: De acuerdo, **te** llamo a las cinco.

4.9 Making Connections to What You Already Know. Follow the instructions.

1. The bolded pronouns in 4.8 are used to avoid repetition of the direct object of the verb. Underline the direct object of the italicized verbs and draw an arrow to the pronouns that are used to replace them.

¡OJO! The direct object of the verb is the noun that is the direct recipient of the action of the verb.

2. Based on the examples in 4.8, complete these statements by circling all possible italicized responses.
    a. The direct object pronoun is placed *before / after* a conjugated verb.
    b. The direct object pronoun may be attached to an *infinitive / conjugated verb / present participle*.

3. Fill in the table with the appropriate direct object pronouns and English equivalents.

Pronombres de complemento directo			
Pronombre	Inglés	Pronombre	Inglés
_____	_____	nos _____	_____
_____	_____	os _____	_____
_____	_____	_____	_____

4.10 Did You Also Know That . . .?

■ the personal **a** is used before a direct object referring to a specific person (or persons), an animal, or a personified thing.

El jaguar atacó **al** mono.   *The jaguar attacked the monkey.*

Indirect Object Pronouns and Double Object Pronouns

4.11 ¿Recuerda usted? Los complementos indirectos

1. Cuando estuve en San José **les** *compré* varios regalos a <u>mis hermanitos</u>: una camiseta, un cinturón de cuero y un libro con fotos de aves costarricences. Además compré unos aretes muy lindos.

2. Ayer cuando regresé a los EEUU, **le** *regalé* la camiseta a Jorge. A Miguel **le** *di* el cinturón y a mi hermanita **le** *di* el libro.

3. ¿A quién *debo darle* los aretes ¿a mi mamá?, ¿a mi novia? A ver… creo que **se** los *voy a dar* a mi novia.

4. Mañana **le** *compro* flores a mi mamá. **Se** las *compro* en una floristería cerca de mi apartamento. Bueno, quizás **se** las *compre* a mamá y a mi novia también.

5. Yo estoy seguro de que ellas **me** van a *agradecer* los regalos. ¡Cómo **me** los van a agradecer! ¡Con muchos besos y muchos abrazos!

4.12 Making Connections to What You Already Know. Follow the instructions and answer the questions.

1. The bolded pronouns in 4.11 are used to replace the indirect object of the verb. Underline the indirect object of the italicized verbs.

2. Which of the following statements is true?

   a. _____ In Spanish, the indirect object pronoun **le** or **les** is generally used even when the noun (Jorge, Miguel, mi mamá, etc.) that is the indirect object of the verb is mentioned.

   b. _____ In Spanish, the indirect object pronoun is not necessary when the noun that is the indirect object of the verb is mentioned.

3. Complete the statements by circling all possible responses.

   a. Like direct object pronouns, indirect object pronouns are placed *before / after* a conjugated verb and may be attached to *conjugated verbs / infinitives.*

   b. When both direct and indirect object pronouns are used in the same sentence, the indirect object pronoun is placed *before / after* the direct object pronoun.

4. **Se** is used instead of *me / te / le / nos / os / les* before the direct object pronouns *lo, la, los, las.*

5. Write the indirect object pronouns here:

   to, for me _____   to, for us _____
   to, for you (fam. sing.) _____   to, for you (fam. pl. Spain) _____
   to, for you (form. sing.), him, her,   to, for you (form. pl.), them _____
   it _____

4.13 Did You Also Know That . . .?

■ **indirect object pronouns may be emphasized (or clarified) with phrases such as a mí / a ti / a él / a nosotros and so on.**

De veras, la ex-presidenta de Nicaragua   *Really, the former President of Nicaragua*
me estrechó la mano a mí.   *shook my hand.*

4.14 Test Yourself! Complete the sentences with the direct or indirect object pronoun as appropriate.

1. ¿Tienes un regalo para tus primos? Sí, _____ compré unos libros sobre Costa Rica.

2. ¿Le mostraste las fotos que sacaste del volcán Arenal a tu profesor? Sí, y _____ mostré las postales que había comprado también.

3. ¿Pagaste todas las facturas de este mes? Sí, _____ pagué ayer.

4. ¿Te sobraron algunos colones de tu viaje a Costa Rica? Sí, _____ sobraron unos mil.

5. ¿Siempre cambiabas el dinero en un banco? No, a veces _____ cambiaba en una casa de cambio.

6. ¿Viste las ruinas mayas de Tikal cuando estuviste en Guatemala? Sí, _____ vi y me parecieron muy interesantes.

7. ¿Me vas a invitar a mirar el vídeo sobre los revolucionarios sandinistas? Sí, y _____ voy a enseñar otro sobre el antiguo régimen de Somoza.

CAPÍTULO 5

A. The Present Perfect Indicative

5.1 ¿Recuerda usted? El presente perfecto del indicativo

- (Nosotros) Ya hemos visitado dos catedrales y una sinagoga.
- Los obreros todavía no han comenzado la reconstrucción del acueducto romano.
- ¿Ya me habéis mandado una postal (vosotros)?
- ¿Nunca ha conocido usted Melilla? ¡Qué pena!
- Gloria no ha comprendido la historia de la Reconquista.
- (Yo) He salido de tapeo cinco veces esta semana.

5.2 Making Connections to What You Already Know. Follow the instructions and fill in the blanks.

1. Underline the compound verb (made up of two elements) in 5.1.

2. The first element is the verb **haber** in the present tense. Conjugate it here:

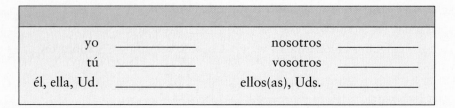

yo	_____	nosotros	_____
tú	_____	vosotros	_____
él, ella, Ud.	_____	ellos(as), Uds.	_____

3. The second element of the compound verb is a past participle. Write the infinitive that corresponds to the following past participles here:

    visitado _____   comprendido _____   salido _____

4. In order to form the past participle of regular verbs, you add _____ to the stem of **-ar** verbs and _____ to the stem of **-er** and **-ir** verbs.

5. The sentences in 5.1 are written in the present perfect indicative. This tense is formed with the _____ tense of the verb _____ and a _____ participle.

6. When used as an element of the present perfect, the past participle always ends in _____ .

5.3 Did You Also Know That . . .?

the present perfect . . .

■ **is used, as in English, to talk about the recent past or a past action that still has importance in the present.**

He viajado a España tres veces este año.   *I have traveled to Spain three times this year.*

■ **is often used in Spain in place of the preterite.**

Hemos ido al parque de atracciones anoche.   *We went to the theme park last night.*

■ **is not used to express an event that started in the past and is still ongoing, as it is in English. In this case, the present tense is used.**

Baila el flamenco desde los ocho años.   *He has danced flamenco since the age of eight.*

■ **is not used to express *to have just* done something. In this case, acabar de is used.**

Mi madre acaba de decirme que sus bisabuelos eran españoles.   *My mother has just told me that her great-grandparents were Spaniards.*

the past participle . . .

- **of verbs that end in -aer, -eer, and -eír are written with an accent.**

  traer: traído   leer: leído   sonreír: sonreído

- **of some verbs is irregular.**

  abrir: abierto   decir: dicho   poner: puesto

  cubrir: cubierto   hacer: hecho   ver: visto

  escribir: escrito   morir: muerto   volver: vuelto

  imprimir: impreso

5.4 Test Yourself! Complete the letter with the present perfect indicative.

Querida Gladys:

Llegué a Madrid hace dos días. ¡No te puedes imaginar todo lo que _____ (hacer)!

Más que nada, _____ (pasar) el tiempo visitando las muchas plazas que se

encuentran en esta ciudad. No las _____ (ver) todas todavía, pero pienso visitar

más. Ya _____ (ir) a la Puerta del Sol. ¿Sabías que muchos importantes eventos

históricos _____ (ocurrir) en este lugar? _____ (ser) escenario de rebeliones

y asesinatos, entre otras cosas. De verdad, todos los monumentos y edificios

que se encuentran en la Puerta del Sol _____ (tener) una historia interesante.

Aunque algunos de los edificios más importantes de esta plaza _____ (desaparecer)

a través de los años, todavía queda la Casa de Correos (1768). El famoso reloj que corona

este edificio _____ (marcar) la hora madrileña durante mucho tiempo. Otro

monumento de la plaza, la famosa estatua del oso y el madroño (1967),

_____ (convertirse) en uno de los símbolos más conocidos de la ciudad.

Es, también, el escudo de Madrid.

La Puerta del Sol, además de ser un lugar histórico, _____ (transformarse) en un

centro de mucha actividad comercial. En el último siglo negocios de todos tipos

_____ (establecerse) en las calles que rodean la plaza. _____ (abrirse)

empresas de todo tamaño, desde el gran almacén El Corte Inglés hasta tiendas pequeñas.

Bueno, Gladys, creo que (yo) ya _____ (escribir) mucho, aunque no te

_____ (decir) nada sobre la comida y las costumbres. Otro día te escribo más.

Abrazos,

Héctor

B. The Past Perfect Indicative

5.5 ¿Recuerda usted? El pluscuamperfecto

La tuna

- ¿Habías estudiado (tú) la historia de las murallas españolas del siglo XVI antes de tomar este curso?
- Cuando (yo) llegué a Madrid, ya había planeado todo lo que quería ver.
- Ya había comenzado a llover cuando llegamos a la terraza.
- ¿Habíais comido paella antes de pedirla en este restaurante?
- Rafael y Ramón se enojaron porque los otros miembros de la tuna no habían llegado todavía.
- ¿Por cuántas cuadras habíamos caminado (nosotros) antes de encontrar el ayuntamiento?

5.6 Making Connections to What You Already Know. Follow the instructions and fill in the blanks.

1. Each sentence in 5.5 mentions two actions. Underline the one that happened first.

2. The first element of the compound verbs in the above sentences is the verb **haber** in the imperfect tense. Conjugate it here:

yo	_____	nosotros	_____
tú	_____	vosotros	_____
él, ella, Ud.	_____	ellos(as), Uds.	_____

3. The second element of the compound verb is a _____ participle. It is formed by adding _____ to the stem of **-ar** verbs and _____ to the stem of **-ir** verbs.

4. The sentences in 5.5 are written in the past perfect indicative. This tense is formed with the _____ tense of the verb _____ and a _____.

5. The past perfect indicative is used when it refers to an event that happened _____ another event in the past.

5.7 Did You Also Know That . . .?

the past perfect . . .

■ **is used to report what someone said he(she) did.**

Rosario dijo que **había viajado** a España   *Rosario said that she had traveled to Spain*
el año anterior.   *the previous year.*

■ **has two elements that cannot be separated by other words, as they are in English.**

Cundo empezó la zarzuela, Juan todavía   *When the zarzuela began, Juan still* **had not**
no **había llegado**.   **arrived.**

■ **cannot be used after *if* with hypotheses about the past. In this case, the pluperfect subjunctive is used. See El pluscuamperfecto del subjuntivo on pages [000–000] for a more detailed explanation.**

Si **hubiera sabido** que te gustaba la   *If* **I had known** *that you liked paella, I would*
paella, te la habría preparado.   *have made it for you.*

5.8 Test Yourself! Select the correct answer.

1. Para el año 1500, los Reyes Católicos ya *habían expulsado / expulsaron* a los judíos de España.
2. Rafael dijo que nunca *había probado / probó* tapas tan sabrosas.
3. Ya *vi / había visto* el Templo de la Sagrada Familia en Barcelona tres veces antes de verlo contigo ayer.
4. Cuando *había llegado / llegó* Juan a la plaza, ya *me había cansado / me cansé* de esperarlo.
5. Andrea me *dijo / había dicho* que *pasó / había pasado* toda aquella tarde en la terraza.
6. Cuando *me desperté / me había despertado*, Miguel ya *había llegado / llegó* de su noche de tapeo.

C. Formal Commands

5.9 ¿Recuerda usted? Mandatos formales

■ Si usted quiere llegar rápido a la Plaza de Zocodover, **doble** a la derecha en la esquina y **camine** dos cuadras.

■ Si ustedes quieren ver algo bello, **recorran** las estrechas calles y clásicos patios de Sevilla.

■ Taxista, **lléveme** a la Mezquita de Córdoba, por favor.

■ Eduardo, **escríbanos** desde Madrid.

■ Cristina, **no se olvide** de visitar Barcelona, la ciudad más cosmopolita de España.

■ Para convivir con personas de diferentes religiones, culturas y etnias, **quédense** ustedes unos meses en Melilla.

■ ¿Las tapas? **Tráigalas,** por favor. **Ofrézcaselas** a María. Nunca las ha probado. Pero **no se las ofrezca** a Jaime porque ya ha comido demasiadas.

5.10 Making Connections to What You Already Know. Follow the instructions and fill in the blanks.

1. Write the infinitive form of the bolded verbs from 5.9 in this table. Next to each infinitive, write the corresponding **yo** form of the present tense.

-ar verbs	**-er** verbs	**-ir** verbs
doblar: doblo	_____	_____
_____	_____	
_____	_____	
_____		
_____		

2. In order to form the **usted** command, you need to drop the final **o** of the **yo** form of the verb in the _____ tense and add _____ for **-ar** verbs, and _____ for **-er** and **-ir** verbs. If you want to make the command plural, you add the letter _____.

3. In affirmative commands, the object and reflexive pronouns *follow / precede* the command. In negative commands, the object and reflexive pronouns *follow / precede* the command. In affirmative commands that have pronouns attached, an _____ is added to verbs of more than one syllable to maintain the stress.

5.11 Did You Also Know That . . .?

formal commands . . .

- take the same form as the corresponding **usted / ustedes** forms of the present subjunctive. The verb of wishing or commanding required by the subjunctive is understood.

Le recomiendo que vaya a Pachá, la famosa discoteca madrileña.	*I recommend that you go to Pachá, the famous discotheque in Madrid.*
Vaya a Pachá, la famosa discoteca madrileña.	*Go to Pachá, the famous discotheque in Madrid.*

¡OJO! Commands may sound impolite, depending on the situation! You can soften a command by adding **por favor** and/or **usted(es)** or by using another structure.

- of verbs that do not end in **-o** in the **yo** form of the present tense have irregular stems.

| dar: dé | estar: esté | ir: vaya | saber: sepa | ser: sea |

COMPARACIONES CULTURALES

Los rostros de Frida Kahlo

Preparation for *Comparaciones culturales.* Have students bring in their research and the portraits they downloaded from *Prepárase para entrar.*

Autorretrato con mono, 1938
Frida Kahlo (1907–54). Oil on masonite, 16" x 12" (40.64 x 30.48 cm.). Albright-Knox Art Gallery, Buffalo, NY. Bequest of A. Conger Goodyear, 1966. Banco de México y Instituto de Bellas Artes.

2 **7-24 Retratos y autorretratos.** Discutan sus respuestas a las siguientes preguntas.

1. ¿Cuál es la diferencia entre un retrato y un autorretrato?, ¿entre un retrato y una caricatura?

2. ¿Han pintado (o dibujado) un autorretrato alguna vez? ¿Cuándo? Descríbanlo. ¿Todavía guardan el autorretrato? ¿Por qué?

3. ¿A ustedes les han hecho una caricatura alguna vez? ¿Quién la hizo? ¿Dónde? Describan la caricatura.

4. ¿Tienen una foto de sí mismos que les guste mucho? Descríbanla. ¿Cuántos años tenían cuando los (las) retrataron? ¿Dónde estaban? ¿Qué ropa vestían? ¿Qué importancia tiene esa foto para ustedes?

Suggestions to 7-24. 1) The day before you plan on doing this activity, tell students to bring to class their favorite picture of themselves and, if possible, locate a self-portrait that they might have done in an art class or in elementary (junior high, high) school. Additionally, ask them to bring in any caricatures that they may have of themselves. 2) Students then work in pairs to answer the questions. Ask volunteers to show their pictures and report their discussion to the whole class.

G **7-25 Sobre los autorretratos de artistas famosos.** Indiquen si están de acuerdo (**Sí** o **No**) con las siguientes afirmaciones. Discutan sus opiniones y luego expliquen sus ideas al resto de la clase.

Los autorretratos…

1. _____ sólo representan los aspectos físicos del artista.

2. _____ pueden indicar el nivel social de la persona retratada.

3. _____ son un simple ejercicio de estilo por parte del autor.

4. _____ nos dicen algo sobre el carácter del artista.

5. _____ a veces nos dicen mucho sobre el estado psicológico del autor.

6. _____ nos pueden indicar algo sobre la relación entre el artista y la cultura en que vivía.

Frida y Diego, 1931
Oil on canvas, 39³⁄₈ x 31 in. (100.01 cm. x 78.74 cm.) San
Francisco Museum of Art. © 2002 Banco de México, Diego
Rivera & Frida Kahlo Museums Trust. Av. Cinco de Mayo
No. 2, Col. Centro, Del. Cuauhtemoc 06059, México, D. F.
Reproduction authorized by the INBA.

Mi nana y yo, 1937
Fundación Dolores Olmedo, Mexico City, D. F., Mexico. Bob Schalkwijk/Art
Resource. © 2002 Banco de México, Diego Rivera & Frida Kahlo Museums Trust.
Av. Cinco de Mayo No. 2, Col. Centro, Del. Cuauhtemoc 06059, México, D. F.

Información de fondo

Frida Kahlo

Datos biográficos: Nació en Coyoacán, México, en 1907. A los dieciocho años tuvo un accidente de
autobús en que fue atravesada por una barra de metal que le dejó rotas la columna vertebral y la pelvis.
De ese accidente sufrió dolor emocional y físico toda su vida. Se casó dos veces con el famoso muralista
mexicano Diego Rivera y viajó con él por México, Europa y Estados Unidos, pintando para diversas
exposiciones nacionales e internacionales. Fue miembro del Partido Comunista y participó activamente
en el movimiento socialista de la época. Kahlo murió en 1954, a la edad de cuarenta y siete años.

Temas: El paisaje mexicano, la cultura y mitología indígenas, su propia vida y temas feministas.

Estilo artístico: Une un estilo realista con elementos de fantasía, mezclando lo concreto con lo simbólico.

Importancia: Kahlo es una de las artistas más importantes del arte latinoamericano.

G 7-26 Los rostros de Frida Kahlo. Observen los autorretratos pintados por
Kahlo y respondan por escrito a lo siguiente:

1. Escojan uno de los cuadros presentados y descríbanlo en detalle.

2. Describan en detalle el rostro de esta pintora mexicana.

3. Imagínense a Frida como persona viva. ¿Qué rasgos de carácter creen ustedes
   que tiene? Justifiquen sus respuestas.

4. ¿Por qué se retrató Kahlo a sí misma como una niña en brazos de su nana?

5. ¿Cómo se presenta a sí misma en su cuadro *Frida y Diego*? Interpreten el
   significado de este cuadro.

6. ¿Cómo interpretan ustedes el hecho de que en muchos de sus autorretratos Kahlo
   viste trajes y arregla su pelo en varios estilos típicos de ciertas regiones de México?

2 **7-27 Autorretratos escritos y pintados.** Discutan sus respuestas a las siguientes preguntas.

1. ¿Es diferente una autobiografía escrita (poema o narración) de una autobiografía pintada (el autorretrato)? ¿Qué aspectos de la vida del autor pueden ser presentados en una autobiografía escrita?, ¿y en autorretrato? ¿Cuál de las dos formas generalmente revela más detalles sobre la vida íntima y emocional del autor(a)? Justifiquen su respuesta.

2. ¿Qué otras formas de arte pueden considerarse autobiográficas? Piensen en las bellas artes (la danza, el teatro, etc.) y en el arte popular (la televisión, la música rapera, etc.). Expliquen sus respuestas.

1 **7-28 Si a mí me retrataran.** Si un famoso artista pintara su retrato, ¿cómo sería? Complete el cuadro con sus respuestas a las preguntas que siguen para escribir una composición breve sobre el tema. ¿Qué ropa se pondría usted? ¿Arreglaría su pelo de manera especial? ¿Qué objetos se incluirían en el retrato? ¿Por qué? ¿Qué colores usaría el artista? ¿Por qué? ¿Qué estilo emplearía? ¿Abstracto o figurativo? ¿Qué aspectos de su vida y de su carácter se revelarían en ese retrato? ¿Qué sentimientos se expresarían? ¿Qué estado psicológico? ¿Por qué?

ropa y pelo	
objetos	
colores y estilo	
aspectos autobiográficos	
sentimientos expresados	
estado psicológico	

◄◄ Expansión del tema ►►

Expliquen esta afirmación de la pintora: "...pensaron que yo era surrealista, pero no lo fui. Nunca pinté mis sueños, sólo pinté mi propia realidad".

ESCENARIOS **México a traves de sus personajes**

Suggestions for 7-29. This is a simulation which will require 15–20 minutes on each of 3 class days. **Day 1:** Present the situation. Divide the students into groups and have them choose their character. Each group should choose a different one. Give them about 15 minutes to divide up the work. **Day 2:** Give the students 20 minutes to share the information they have gathered. As they plan their presentation and decide what they want to be included in the painting, encourage them to be creative, but to explain thoroughly their reasoning. **Day 3:** Have the students present their proposed portraits. Limit them to 10 minutes or less. Encourage the use of pictures, music, etc. Optionally, you may spread out the presentations over several days, depending on your particular needs.

G **7-29 Pasos para elaborar.** Imagínense que ustedes van a participar en el concurso, "México a través de sus personajes". Los participantes deben presentar sus ideas para la elaboración de un retrato de un personaje mexicano. El grupo que presente las mejores ideas ganará el concurso.

Paso 1: El personaje. Divídanse en grupos y escojan uno de los personajes siguientes. Hernán Cortés, Moctezuma, la Malinche, el general Santa Anna, Benito Juárez, Porfirio Díaz, Emiliano Zapata, Pancho Villa, Lázaro Cárdenas, Vicente Fox o... ¿?

Paso 2: Preparación. Preparen y dividan el trabajo de investigación. ¿Qué necesitan saber? Consideren: 1) el fondo histórico y los acontecimientos más importantes de la época en que vivió el personaje; 2) sus características físicas: sus rasgos faciales, sus gestos, etc.; 3) su personalidad y 4) su vida.

Paso 3: Organización. Primero, compartan la información que encontraron con los otros estudiantes de su grupo. Luego, imagínense exactamente cómo va a ser el cuadro. ¿Cómo va a ser la cara? ¿Qué ropa va a llevar el personaje? ¿Dónde va a estar? ¿Va a estar en su casa, en un parque, montado en un caballo?¿Por qué? ¿Va a estar solo o acompañado? ¿Qué elementos van a incluir en el cuadro para reflejar la vida del personaje y el ambiente histórico? Luego, organicen la presentación. Cada miembro del grupo debe describir un aspecto del cuadro y explicar por qué se debe pintar de esa manera.

Paso 4: Presentación. En un informe de menos de diez minutos, presenten sus ideas enfrente del jurado (la clase). Usen fotos, música, mapas o cualquier otro elemento que les pueda ayudar.

COMUNIDADES **Conexiones con el mundo**

1 **7-30 Autorretratos mexicanos, entrevistas, lectura**

■ Traiga a la clase un autorretrato pintado por uno(a) de los(las) artistas mexicanos(as) en http://www.laberintos.com.mx/autorretratos.html. Basándose solamente en el retrato, escriba su impresión del carácter del (de la) artista y entréguesela a su profesor(a).

■ Comuníquese por Internet con un(a) residente de México. Entrevístelo(la), haciéndole preguntas específicas sobre su personalidad, apariencia física y vida. Presente los resultados de la entrevista en clase en un informe breve.

■ Lea un cuento o artículo de Elena Poniatowska. Presente un breve resumen de su contenido a la clase.

Vocabulario

Características personales

Ser...
apacible / difícil

cariñoso(a)
comprensivo(a) /
  incomprensivo(a)
confiable
culto(a) / inculto(a)
enojadizo(a) (enojón[ona])
egoísta
gruñón(ona)
malvado(a)
presumido(a) (vanidoso[a])

seguro(a) / inseguro(a)
  de sí mismo(a)

**Ser un hombre
  (una mujer)...**
con don de gentes

de carácter fuerte / débil

de mal carácter / buen
  carácter
de pocas palabras (que
  va al grano)
de trato agradable /
  brusco(a) en el trato

educado(a) / mal
  educado(a)
salado(a)

Otros rasgos

Tener...
las maneras: corrientes
  (vulgares) / finas (educadas)
el aspecto: impecable /
  descuidado

Personal characteristics

To be . . .
*even-tempered, calm,
  peaceful / difficult*
affectionate
*understanding /
  not understanding*
trustworthy, reliable
educated / uneducated
irritable, touchy
selfish
grumpy
evil, wicked
*conceited, full of oneself,
  vain*
*confident, unsure of
  oneself*

*To be a man
  (woman) . . .*
*with good interpersonal
  skills*
*of strong / weak
  personality or character*
ill-natured / good-natured

*of few words (who gets
  to the point)*
*to have a pleasant /
  unpleasant manner, to
  be easy (not easy) to get
  along with*
*polite, well-mannered /
  impolite*
witty

Other Traits

To have
vulgar / fine manners

*impeccable / sloppy
  appearance*

el paso: largo / corto,
  ligero / pesado
la mirada huidiza
una voz: aguda, melodiosa,
  ronca, varonil

el andar (el caminar):
  recto / encorvado
el habla: animada,
  reservada, rápida y
  vivaz / lenta

Aspectos físicos
cejas:
arqueadas, delgadas /
  gruesas, pobladas:
dientes:
amarillentos, parejos /
  disparejos, separados:
nariz:
recta, aguileña, chata:

ojos:
rasgados, hipnotizantes,
  saltones:
orejas:
pegadas, puntiagudas,
  salientes
pelo:
abundante, canoso, fino /
  grueso, grasoso, sedoso;
  los claritos
rasgos faciales:
las arrugas, las ojeras, la
  frente amplia / estrecha,
  el lunar, las pecas, los
  hoyuelos

Expresiones útiles
tener mucha facilidad
  para (los idiomas):
tener talento (un don)
  para (la música):

*a long / quick, light /
  heavy stride (step)*
shy, evasive look or glance
*sharp, high-pitched,
  melodic, husky,
  masculine voice*
*straight, erect / stooped,
  hunched-over gait*
*animated, reserved, rapid
  and lively / slow manner
  of speaking*

Physical Traits
eyebrows
arched, thin / thick, heavy

teeth
*yellowed, straight /
  crooked, separated*
nose
*straight, aquiline,
  snub-nose*
eyes
*almond-shaped, hypnotic,
  bug-eyed*
ears
*close to the head,
  pointed, that stick out*
hair
*big, gray-haired, fine /
  thick, oily, silky;
  highlights*
facial traits
*wrinkles, bags under the
  eyes, wide / narrow
  forehead, mole, freckles,
  dimples, streaks (hair)*

Useful Expressions
*to have a gift for
  (languages)*
*to have a talent (gift) for
  (music)*

8 Voces multiétnicas

Suggestions for *Portal al capítulo.* (1) *Problemas sociopolíticos de los grupos minoritarios:* Help students brainstorm a list of problems that affect minority populations in general (e.g., *la pobreza, la discriminación, la falta de acceso al cuidado médico,* etc.). You might ask for more specific examples from their own countries of origin. (2) *Las etnias:* Answers will vary depending on students' knowledge of Latin America. Call attention to the fact that there are many ethnic groups represented in Latin America: *árabes, coreanos, chinos, japoneses, judíos, italianos, alemanes,* etc. besides *mestizos, afrodescendientes* and *pueblos indígenas.*

PORTAL AL CAPÍTULO

En este capítulo usted aprenderá el vocabulario necesario para hablar de los problemas sociopolíticos de los grupos minoritarios de Latinoamérica. Al mismo tiempo llegará a conocer algunas de las muchas etnias que forman el mundo hispano. Antes de comenzar, reflexione sobre estas preguntas.

PROBLEMAS SOCIOPOLÍTICOS DE LOS GRUPOS MINORITARIOS

¿Cuáles son algunos de los problemas sociales y políticos a los que se enfrentan los grupos minoritarios en general? ¿Y en Latinoamérica?

LAS ETNIAS

¿Qué grupos étnicos latinoamericanos puede mencionar usted?

Suggestions for *Prepárese para entrar.* Students use IRM 8-1 and IRM 8-2 to complete activities as HW. Give students the following URL: **http://lanic.utexas.edu/la/region/indigenous**

ENLACES

- **Vocabulario**
  Retos sociopolíticos y derechos humanos

- **Cultura**
  Las etnias latinoamericanas

CONTEXTOS

- **Una protesta estudiantil**
  Los usos especiales del pronombre *se*
  Cláusulas adverbiales con el indicativo y el subjuntivo

REFLEXIONES

- **Lectura**
  Víctor Hugo Cárdenas, vocero de los derechos nativos

- **Pasos a la escritura**
  Una reflexión personal

EL MUNDO QUE NOS RODEA

- **Comparaciones culturales**
  Tomoyo Hiroishi

- **Escenarios**
  Un manifiesto para una comunidad de paz e igualdad

- **Comunidades**
  Conexiones con el mundo

Answers for the *Galería cultural.*
4. Some U.S. symbols are: the Statue of Liberty, Ellis Island, the site of the Twin Towers, the flag.

PREPÁRESE PARA ENTRAR

En la hoja que le dará su profesor(a), describa un caso de racismo, prejuicio, sexismo, intolerancia, censura, etc., que haya observado o del que haya sido víctima.

En Internet, investigue uno de los siguientes grupos minoritarios de Latinoamérica: los garífunas, los mapuches o los maya-quiché.

GALERÍA CULTURAL

El Puente de las Américas

Con la apertura en 1914 del canal interoceánico, el país de Panamá se dividió en dos partes, hecho que se reconoce en el logotipo del canal, que dice "la tierra dividida, el mundo unido". Hasta la construcción e inauguración en 1962 del Puente de las Américas, se viajaba entre las dos partes en transbordador. Este puente, el canal y Panamá, no sólo unen las dos Américas, sino que también sirven como símbolo de la unión de las muchas culturas que los construyeron y que forman Latinoamérica.

1. ¿Cuál es el propósito de un canal?

2. ¿Por qué piensan ustedes que se construyó un canal en Panamá y no en otro país?

3. ¿Por qué se construyó el Puente de las Américas?

4. ¿Cuáles son algunos símbolos de la unión de culturas en su país?

El Puente de las Américas

ENLACES

RETOS SOCIOPOLÍTICOS Y DERECHOS HUMANOS

Vocabulario clave

Etnias latinoamericanas

los mestizos
los mulatos
los negros
los grupos indígenas

Retos sociopolíticos

el analfabetismo
la desnutrición
el deterioro ambiental
el genocidio
la guerrilla
la globalización
la pobreza

Actitudes

la discriminación
el prejuicio
el racismo
la xenofobia

La injusticia social

el terrorismo: aterrorizar
la tortura: torturar
el aislamiento: aislar
la amenaza: amenazar
la desaparición: desaparecer
el desplazamiento: desplazar
el despojo: despojar
la exclusión: excluir
la marginación: marginar
el menosprecio: menospreciar
la privación: privar
la violación: violar

Los derechos humanos

la igualdad / la desigualdad
tener derecho a...
  la educación
  la seguridad personal
  la vida
  un nivel de vida adecuado
  la libertad de expresión
    (asamblea, conciencia,
    religión)

Soluciones

abogar por: el(la) abogado(a)
concienciar: la concienciación
  (Esp.)
concientizar: la concientización
  (Am. Lat.)
denunciar: la denuncia
desarrollar: el desarrollo
dignificar: la dignidad
reconocer: el reconocimiento
mejorar: la mejora
respetar: el respeto

Palabras de repaso

los antepasados: ser de origen
  (herencia)…, ser descendiente
  de padres…, ser de ascendencia…
aportar: el aporte
el bienestar
luchar por / contra: la lucha
el poder
sufrir
superar
votar: el voto

Introducing vocabulary display. (1) Tell students that they will be learning vocabulary used to talk about the socioeconomic challenges and human rights issues facing Latin American minorities. Remind them that many of these words are similar to ones they already know in English. (2) Write these prefixes and suffixes on the board: *an-* (negation); *dis-* (to separate, to deprive); *des-* (without), *menos-* (less); *-idio* (which kills); *-fobia* (fear). (3) As you talk briefly about each photo, list pertinent words on the board. (4) Make statements and follow up with questions to elicit vocabulary words. Here are some examples: (a) Indigenous child: *Muchos pueblos indígenas viven en áreas rurales y no tienen acceso a servicios básicos como agua potable o energía eléctrica. Su aislamiento trae otros problemas. ¿Cuáles?* (b) Human rights: *Desafortunadamente Colombia es conocida por su historia de asesinatos de defensores de derechos humanos. ¿Cuáles son algunos derechos humanos?* (c) Guerrilla warfare: *En varios países muchas personas han tenido que abandonar sus casas y tierras para escapar de la violencia causada por la guerrilla y los grupos paramilitares. ¿Qué es la guerrilla? ¿Qué palabra se usa para hablar de este movimiento de personas de un lugar a otro?* (d) Black protesters: *Hoy día los afrolatinoamericanos se están organizando para denunciar sus condiciones de desigualdad. ¿Qué problemas han sufrido?¿Qué es lo que pueden hacer para llamar la atención sobre estos problemas?* (e) Mapuche protest: *Durante la época de la colonización los indígenas sufrieron varias injusticias. ¿Cuáles?* (f) Indigenous habitat: *Otro problema que afecta a los indígenas es la explotación comercial de su hábitat. ¿Qué consecuencias trae esta explotación?* (5) Teach this additional phrase: *la falta (la ausencia) de…oportunidades educativas*, etc.
Notes for vocabulary display. For information on the human rights situation involving police, army, guerrilla, and paramilitary groups in Latin America, see the Human Rights Watch web site **http://www.hrw.org/spanish** or the human rights links on LANIC **http://www.lanic.utexas.edu/la/region/hrights/**.

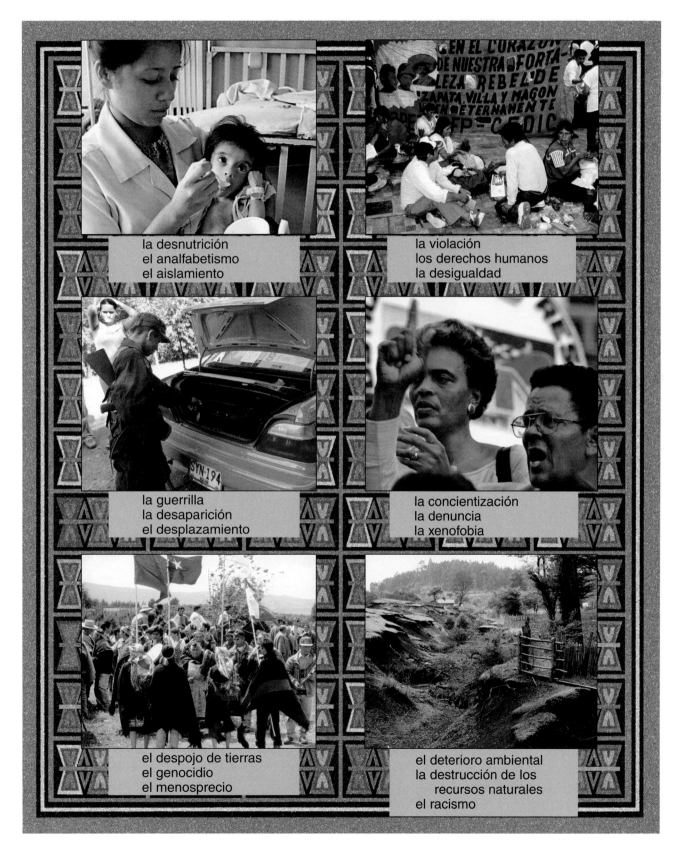

la desnutrición
el analfabetismo
el aislamiento

la violación
los derechos humanos
la desigualdad

la guerrilla
la desaparición
el desplazamiento

la concientización
la denuncia
la xenofobia

el despojo de tierras
el genocidio
el menosprecio

el deterioro ambiental
la destrucción de los
    recursos naturales
el racismo

G 8-1 Orientación. En el cuadro, escriban las palabras del *Vocabulario clave* que se pueden usar para hablar de las causas y las consecuencias de los retos sociopolíticos mencionados.

Retos	Causas	Consecuencias
el analfabetismo		
la injusticia social		
la guerrilla		

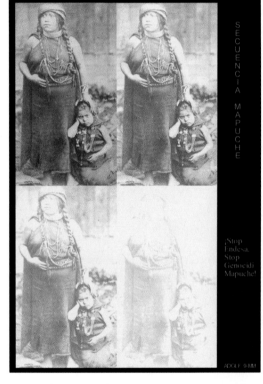

2 8-2 Definiciones. Indiquen al lado de cada oración la letra que corresponde a la definición de la palabra en cursiva.

a. exterminio sistemático de un grupo étnico, racial o religioso
b. aislamiento
c. el acto de quitar las posesiones de manera violenta
d. conjunto de individuos que tienen el mismo idioma y cultura
e. ayuda, contribución
f. resistencia armada
g. en peligro; que puede sufrir daños
h. garantías para proteger a la persona
i. odio a los extranjeros
j. hablan a favor de alguien o de alguna cosa
k. desprecian; tienen en poca estima
l. causan dolor

1. __j__ Muchas organizaciones internacionales, tales como las Naciones Unidas, *abogan* por los derechos y la protección de los indígenas americanos.
2. __b__ La discriminación y la pobreza son algunas de las causas de la *marginación* de la población afrolatinoamericana.
3. __e__ Los afrolatinoamericanos contribuyeron al desarrollo de Costa Rica con su *aporte* en mano de obra. Construyeron el ferrocarril al Atlántico a fines del siglo XIX.
4. __g__ El estilo de vida de las culturas indígenas está *amenazado* por el desarrollo industrial.
5. __k__ En muchos lugares del mundo se *menosprecian* los valores y la cultura de los grupos indígenas.
6. __l__ Según el grupo "Human Rights Watch", las autoridades *torturan* a los afrolatinoamericanos acusados de crímenes.
7. __d__ Veintidós *etnias* indígenas pueblan Guatemala y constituyen el 55% de la población total.
8. __h__ Hace poco que se están formando organizaciones locales, nacionales e internacionales para promover los *derechos* de la comunidad afrolatinoamericana.

CONTEXTOS

La boda del año

Preparation for *Contextos*. Assign exercises in the *Guía gramatical*, pages 324–329 or complete them in class as paired/small group activities.

En ***Contextos*** usted se imaginará que es corresponsal de sociedad del periódico *Paraná.com.* Como tal, irá a Amsterdam para asistir a la boda de la argentina Máxima Zorreguieta con el príncipe Guillermo de Holanda y escribirá varios artículos sobre el evento.

 Antes de comenzar, estudie el condicional perfecto, el pluscuamperfecto del subjuntivo y la voz pasiva en la *Guía gramatical,* páginas 324–329.

GG La voz pasiva, páginas 324–325.

1 **9-12 Detalles de la boda.** Complete su primer artículo con la voz pasiva de los verbos entre paréntesis. **Answers for 9-12.** *fueron festejados, fueron conducidos, fue celebrada, fue interpretado, fue elegido, fue convertida, fueron intercambiados, fueron representados, fue diseñado, fue pagado* **Optional for 9-12.** Have students rewrite the sentences in the active voice.

La boda del año

La boda del año

¡Fue una boda divina! ¡Lástima que no hayan podido asistir! ¡Pero no se preocupen! Aquí pueden leer algunos de los detalles más interesantes.

La ceremonia

- En su última noche de solteros, el 1 de febrero de 2002, Máxima y Guillermo _____ *(festejar)* con un show musical en el estadio de fútbol Arena en Amsterdam ante 50.000 personas.

- La mañana de su boda, Máxima y Guillermo _____ *(conducir)* al edificio de la Bolsa en un Rolls Royce negro.

- Después de la boda civil, que _____ *(celebrar)* por el alcalde de Amsterdam en el edificio de la Bolsa de Berlage, Máxima pidió un teléfono celular para llamar a sus padres en Londres.

- Durante la misa solemne, el tango "Adiós Nonino" de Astor Piazzola _____ *(interpretar)* por la orquesta y un bandoneón. Este tango _____ *(elegir)* por el príncipe Guillermo para compensar a Máxima por la ausencia de sus padres.

- Al pronunciar el "*ja*" (sí), Máxima _____ *(convertir)* en princesa de Orange, princesa de los Países Bajos y futura Reina de Holanda.

- Los anillos de platino, diamantes y esmeraldas _____ *(intercambiar)* durante la ceremonia religiosa.

- Muchos países _____ *(representar)* por sus ciudadanos más ilustres, como por ejemplo, el sudafricano Nelson Mandela, el príncipe Carlos de Gran Bretaña, el príncipe japonés Naruhito y el príncipe Felipe y la reina Sofía de España.

- El vestido de la novia _____ *(diseñar)* por Valentino.

- El viaje a Holanda de los familiares de Máxima _____ *(pagar)* por la reina de Holanda debido a la crisis económica que vive la Argentina.

Answers for 9-13. La seguridad. *El centro de la ciudad fue controlado por más de 4.000 policías. Un objeto fue tirado hacia la carroza por un manifestante. Varias amenazas telefónicas fueron recibidas por la policía. Papel higiénico fue lanzado al paso de los recién casados por dos mil activistas. Once personas fueron detenidas por los agentes.* **Los padres de Máxima.** *La asistencia del padre de Máxima fue prohibida por el parlamento holandés. No fue invitado por el gobierno… La información sobre el pasado de Zorreguieta fue enviada al parlamento holandés por las Madres de la Plaza de Mayo. La boda fue presenciada por los padres de Máxima…*

GG El condicional perfecto, páginas 325–326.

Note for 9-14. Explain *someter a prueba* and *interesados*.

■ **9-13 Más detalles.** Su segunda entrega da más detalles sobre la seguridad de la boda y la ausencia de los padres de Máxima. Vuelvan a escribirla usando la voz pasiva.

MODELO: Fuertes medidas de seguridad rodearon la boda.
La boda fue rodeada por fuertes medidas de seguridad.

La boda del año II

¡Detalles, detalles! Querían detalles, ¿verdad? Pues aquí les enviamos otros. Esperamos que les gusten.

La seguridad
- Más de 4.000 policías controlaron el centro de la ciudad.
- Un manifestante tiró un objeto hacia la carroza.
- La policía recibió varias amenazas telefónicas.
- Dos mil activistas lanzaron papel higiénico al paso de los recién casados.
- Los agentes detuvieron a once personas.

Los padres de Máxima
- El parlamento holandés prohibió la asistencia del padre de Máxima.
- El gobierno no lo invitó porque lo consideran moralmente responsable por la desaparición de 30.000 personas durante el gobierno del general Jorge Rafael Videla.
- Las Madres de la Plaza de Mayo enviaron la información sobre el pasado de Zorreguieta al parlamento holandés.
- Los padres de Máxima presenciaron la boda desde Londres por televisión.

■ **9-14 Escándalo.** Uds. preparan una encuesta sobre la boda para *Paraná.com*. Antes de mandársela a sus editores, la someten a prueba. Complétenla y expliquen sus respuestas.

Escándalo

ESCÁNDALO: ¿QUÉ HABRÍA HECHO USTED?

Todos ya saben que el parlamento holandés prohibió la presencia del padre de Máxima en la boda. ¿Qué habría hecho usted si hubiera sido uno de los interesados? Mándenos su opinión y publicaremos los resultados de la encuesta en la próxima edición de *Paraná.com*.

Si hubiera sido Máxima, …

_____ me habría negado a casarme con Guillermo si el parlamento no permitía la asistencia de mi padre.

_____ habría estado triste, pero habría aceptado que mi padre no asistiera a mi boda.

_____ me habría casado en la Argentina.

_____ ¿?

Si hubiera sido la madre de Máxima, …

_____ habría ido a la boda sola, sin mi esposo.

_____ habría ayudado a mi hija en las preparaciones para la boda, pero el día del casamiento me habría quedado al lado de mi esposo.

_____ le habría dicho a mi hija que no se casara con Guillermo.

_____ ¿?

Si hubiera sido el padre de Máxima, …

_____ le habría prohibido a mi hija que se casara con Guillermo.

_____ habría aceptado con dignidad el no ir a la boda con tal de que mi hija fuera feliz.

_____ me habría disfrazado para poder ir a la boda.

_____ ¿?

G **9-15 Problemas.** En su siguiente entrega, Uds. escriben sobre cómo habrían resuelto los problemas que ocurrieron durante la boda.

Suggestion for 9-15. Draw students' attention to the use of the pluperfect subjunctive in these sentences.

Problemas

Problemas y más problemas

En cada boda, hay problemas. ¡Imagínense su magnitud en una boda real! No sabemos cómo fueron resueltos, pero para darnos una idea, nos tratamos de imaginar lo que habríamos hecho si hubiéramos sido los organizadores de la boda.

* Si las flores no hubieran llegado a tiempo, *habríamos telefoneado al florista para ver qué pasaba.*

* Si Guillermo hubiera perdido el anillo, _____

* Si los invitados se hubieran enfermado después de haber probado el pastel de bodas, _____

  _____

* Si un (a) invitado(a) se hubiera emborrachado, _____

* Si unos manifestantes hubieran entrado a la iglesia durante la ceremonia y hubieran protestado contra la

  boda, _____

* Si se hubiera descompuesto el avión que iba a llevar a los recién casados al escondite donde iban a pasar

  su luna de miel, _____

---

2 **9-16 Chismes.** Uds. van al lugar secreto donde Máxima y Guillermo están pasando su luna de miel. Alcanzan a oír una conversación entre los recién casados y deciden publicarla en *Paraná.com*.

 GG El pluscuamperfecto del subjuntivo, páginas 327–329.

Suggestion for 9-16. Give students 10–15 minutes to prepare the dialogue. Ask for volunteers to present their dialogue in front of the class.

CHISMES

CHISMES

Nosotros oímos por casualidad la siguiente conversación entre los recién casados. ¿Han tenido su primera riña los recién casados? ¿Qué piensan ustedes?

Máxima: —La luna de miel habría sido mejor si *tú no hubieras olvidado mi equipaje.*

Guillermo: —Pues, habría sido mejor si *no hubiéramos tenido que pasarla con tus padres.*

Máxima: —¿De verdad? Pues habría sido mejor si _____

Guillermo: — _____

Máxima: — _____

Guillermo: — _____

Máxima: — _____

Guillermo: — _____

LECTURA La yerba mate

Antes de leer

Suggestions for 9-17. First, complete model with students. Then assign each group to one situation.

G **9-17 Las normas de etiqueta.** Describan en detalle las reglas de conducta aplicables en su país para una de las siguientes situaciones. Incluyan la ropa que se debe llevar, el comportamiento obligatorio de los invitados, las emociones que se deben exhibir y otras prácticas específicas.

MODELO: *una boda*

Los invitados llevan ropa elegante. Muchas veces llegan a la boda con un regalo, aunque es preferible que lo manden de antemano a la casa de los padres de la novia. En la iglesia, primero firman un libro de recuerdos y después... Etc.

una fiesta de despedida de novia(o)   un velorio
un bautismo   una reunión de trabajo

Suggestions for 9-18. In 9-18, students will probably mention such childhood bonding rites as becoming "blood" brothers and sisters, forming a group club, having slumber parties, etc.

G **9-18 Ritos de amistad.** Describan los ritos que son señales de aceptación total y de amistad íntima entre los miembros de uno de los siguientes grupos. ¿En cuáles de estos ritos han participado ustedes? ¿En cuáles todavía participan? ¿Por qué?

los niños   los jóvenes adolescentes   las mujeres adultas
las niñas   las jóvenes adolescentes   los hombres adultos

Reading: If you have them, bring in a *mate* and a *bombilla*. Show students how the ceremony is carried out. For HW, have students read *Estrategia de lectura N° 9* in *Al estudiante* and do the *Al leer* activity. Go over their answers in class, and then have them read the selection in groups, helping each other with difficult passages.

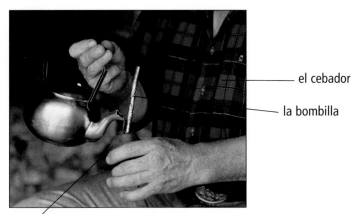

el cebador

la bombilla

el mate

 Antes de comenzar: Lea la *Estrategia de lectura N° 9* en la sección *Al estudiante.*

Al leer: Primero, busque las palabras en letra negrita. Luego, utilice estas palabras para identificar la idea principal de la lectura. Apúntela en una hoja aparte.

La yerba mate

Historia

Durante su exploración de la zona del Paraná, los españoles se quedaron impresionados por la fuerza física de los indios guaraníes, quienes atribuían su buena salud a su **costumbre** de tomar una infusión de las hojas del árbol hoy conocido como Ilex mate. A través de los años, el consumo habitual de la yerba mate se extendió a toda la población y aumentó desmesuradamente, calculándose hacia el año 1600 en una utilización de casi un kilogramo por día por persona en Montevideo. Aunque al principio la Iglesia condenó el mate como "una hierba del demonio", terminó por difundir aún más su uso al convertirlo en el principal producto comercial de sus misiones jesuitas. Con el tiempo, también llegó a ser amigo fiel del gaucho en sus largas andanzas por las pampas. Símbolo de la **amistad,** el **ritual** de la infusión del mate alrededor del fogón fortalecía los lazos de **compañerismo.** Hoy en Paraguay, Uruguay, Argentina y el sur de Brasil, el rito todavía sirve para estrechar los **lazos** de amistad.

El rito

En estos países es común encontrar una familia o un grupo de amigos reunidos en el campo, la playa, un parque o una casa, tomando mate. Es un **rito íntimo,** pues el recipiente (también llamado mate) y la bombilla, el tubo de metal por el que se sorbe la infusión, se comparten entre todos. En efecto, recibir una invitación para tomar mate debe considerarse como una señal de **cariño** y de **aceptación** total.

Como parte de la **ceremonia,** se deben seguir ciertas reglas. Típicamente el(la) cebador(a), que es generalmente el(la) anfitrión(ona), comienza la infusión: llena el mate con yerba, coloca su mano sobre la boca del mate, lo agita con la boca hacia abajo, lo llena con agua caliente, lo deja asentar para que se absorba el agua y le vuelve a echar agua caliente. Después de tomar el primer mate, el(la) cebador(a) vuelve a llenar el mate con agua caliente y se lo pasa a otro(a), quien también toma todo el contenido. Una vez más, el(la) cebador(a) llena el recipiente y se lo pasa a la siguiente persona hasta que no queda sabor en la infusión.

Sin duda, esa ceremonia es un rito íntimo. No se toma el mate con cualquiera: se comparte solamente con los **amigos más queridos.** No hay cosa mejor para la salud del alma que relajarse en compañía de buenos amigos.

Propiedades terapéuticas

Hay quienes toman la yerba mate por sus propiedades estimulantes y tónicas. Más nutritiva que el té, contiene cantidades significativas de varios minerales, 15 tipos de aminoácidos y casi todas las vitaminas necesarias para mantener la vida. Otro ingrediente es la mateína, una sustancia química semejante a la cafeína, pero sin sus propiedades nocivas. Los científicos han comprobado numerosos efectos fisiológicos benéficos del mate: aumenta la inmunidad, combate la fatiga, controla el apetito, estimula la mente y la actividad física, reduce el estrés, funciona como diurético suave, elimina el insomnio y disminuye la presión arterial. En fin, el mate no sólo es bueno para la salud del alma sino también para la salud del cuerpo.

Conclusión

Ni los motivos para usar el mate ni la ceremonia de la infusión han cambiado mucho a través de los años. La gente de la zona del Paraná sigue usándolo tal como lo usaban los guaraníes y los gauchos, ya sea por cuestiones de la salud o como **símbolo de la amistad.**

Diccionario en breve

fortalecer / estrechar los lazos: hacer más intensa y duradera la unión o relación

difundir: extender

fiel: que cumple su palabra; se dice de una persona en la que se puede confiar, leal

nocivo(a): que causa daño

infusión: bebida obtenida del proceso de meter hierbas en agua muy caliente

Después de leer

2 **9-19 Comprensión.** Completen las oraciones con la(s) palabra(s) o frase(s) correcta(s).

1. El _____c_____ de los indígenas impresionó a los españoles.

2. Para los gauchos, el mate era _____e, i_____.

3. La costumbre de tomar mate se practica en _____d_____.

4. Mate es el nombre de la yerba y también el nombre de _____b_____.

5. La bombilla es _____j_____.

6. El primer mate generalmente es tomado por _____a_____.

7. Hoy día, tomar mate es considerado _____f, g, h, i_____.

a. el anfitrión y cebador

b. el recipiente en el que se toma la yerba

c. vigor físico

d. la región del Paraná

e. un fiel compañero

f. bueno para la salud del alma

g. bueno para la salud del cuerpo

h. señal de una aceptación total

i. símbolo de la amistad

j. un tipo de tubito delgado por el que se toma el mate

Suggestions for 9-20. Make each group responsible for just one of the topics.

G **9-20 Temas.** Vuelvan a estudiar la lectura, teniendo en mente los siguientes temas: (a) la historia del mate, (b) el rito y (c) sus propiedades terapéuticas. Apunten en el cuadro todo lo que puedan recordar acerca de estos temas. Finalmente, usen sus apuntes para presentar un resumen de uno de los temas a la clase. Cuando sus compañeros hagan su presentación, llenen el cuadro con la información que falte.

El mate		
La historia	El rito	Sus propiedades terapéuticas

PASOS A LA ESCRITURA

Un ensayo de tema cultural

EXPRESIONES ÚTILES

Para definir
consiste en
consta de
se caracteriza por
ejemplifica

Para subrayar la importancia
de suma importancia
sin duda
sin excepción
sobre todo

Para expresar causa y efecto
a causa de
debido a
por eso (esto); por lo tanto
puesto que

Para dar ejemplos
a saber
es decir

Para comparar y contrastar
a diferencia de
al contrario
en cambio
en comparación /
en contraste con

Otras expresiones útiles
a pesar de esto
en efecto (de hecho)
no obstante
sin embargo

Tema: Escribir un ensayo

En esta sección, usted escribirá un ensayo de tres páginas sobre las Madres de la Plaza de Mayo. Las actividades lo(la) ayudarán a limitar y enfocar el tema y expresar de manera coherente y organizada la información que obtenga.

Prepararse

G 9-21 Antes de empezar. Escriban cinco preguntas específicas sobre el tema usando estos interrogativos: ¿Cómo? ¿Cuándo? ¿Dónde? ¿Qué? ¿Por qué? ¿Cuál? ¿Quién?

1 9-22 A investigar. Busque las respuestas a las preguntas que usted y sus compañeros escribieron para 9-21. Tome apuntes detallados.

1 9-23 ¿Con qué propósito escribir? Decida cuál va a ser el propósito de su ensayo. Use sus apuntes para completar **UNA** de las siguientes oraciones.

- Voy a evaluar _____.

- Voy a analizar _____.

- Voy a tratar de convencer al lector (a la lectora) de _____.

- Voy a explicar _____.

- Voy a comparar _____ con _____.

Suggestions for 9-21. Possible questions: *¿Cuándo se formó la Asociación Madres de la Plaza de Mayo? ¿Quiénes eran estas mujeres? ¿De dónde eran? ¿Cuál fue el propósito de este grupo? ¿Por qué llevaban pañuelos blancos?*, etc. Have groups share their questions with the entire class.
Suggestions for 9-22. Assign as HW. Useful Web sites: **www.madres.org** and **www.madres-lineafundadora.org.**
Suggestions for 9-23. Make sure students understand that they need to thoroughly review their research notes before completing one of the statements. Students bring their statements to class and in small groups help each other make them as specific and focused as possible.

1 **9-24 La tesis.** Elabore su tesis, teniendo en cuenta el propósito que escogió para su ensayo. ¡OJO! Tendrá que escribir varias versiones de la tesis. Escoja la versión que le parezca la más específica y preséntela a la clase.

1 **9-25 Los detalles.** Vuelva a leer sus apuntes y escoja los detalles que puede usar para apoyar su tesis. Haga un bosquejo, ordenando esta información de manera lógica.

Organizarse

1 **9-26 ¡Preparemos el borrador!** Siga los pasos a continuación, usando la información que apuntó en las actividades anteriores para elaborar su borrador.

1. Escriba una introducción breve en la que plantea su tesis.
2. Usando el bosquejo que preparó para guiarse, escriba los párrafos siguientes. Use la lista de expresiones útiles para elaborar sus ideas.
3. Escriba una conclusión.
4. Escriba un título que capte el propósito de su ensayo.

Leer con ojo crítico

9-27 ¡Cuidado! Revise su ensayo usando las siguientes preguntas para guiarse. Cuando termine, pase la carta en limpio según las instrucciones de su profesor(a).

1. ¿Ha incluido toda la información pertinente en la introducción? ¿Falta algo?
2. ¿Ha incluido toda la información pertinente en los otros párrafos? ¿Hay suficientes detalles y ejemplos para apoyar su tesis?
3. ¿Ha usado los verbos *ser, estar* y *haber* correctamente?, ¿la voz pasiva?, ¿el subjuntivo y los tiempos pasados cuando fueron necesarios?, ¿un vocabulario preciso?
4. ¿Ha usado un diccionario para corregir errores de ortografía y acentuación?
5. ¿Ha incluido un título adecuado? ¿Refleja de manera exacta el propósito de su ensayo?

COMPARACIONES CULTURALES
El folclor argentino

2 **9-28 Formas de expresión oral.** Comenten sus respuestas a las siguientes preguntas.

1. ¿Qué formas de expresión oral pertenecen al folclor de su cultura?
2. ¿Cuál es el propósito de estas formas de expresión oral? ¿Cómo se aprenden?
3. ¿Entre qué grupos sociales son importantes? ¿Por qué?

Note for 9-28. English-speaking students should be able to come up with some of the following folklore material: tongue twisters, lullabies, jump-rope rhymes, knock-knock jokes, pig latin, and rap lyrics.

Información de fondo

La tradición oral

el folclor (folclore): de la palabra inglesa *folklore,* que significa *ciencia del pueblo,* es el conjunto de las tradiciones, creencias y costumbres de una región o país. Las leyendas y otras formas de expresión oral anónima — dichos, proverbios y canciones populares— forman parte del estudio de esta materia.

adivinanzas: juegos verbales que contienen un enigma que la gente trata de resolver. Los temas más comunes son las cosas de uso cotidiano, la flora y fauna y las costumbres de un lugar.

colmos: especie de chiste en el cual se juega con dos significados diferentes de una sola palabra. Los colmos son especialmente populares entre los niños argentinos y los de otros países latinoamericanos.

coplas: canciones y / o versos populares originarios de España que luego se extendieron por Latinoamérica. En la Argentina constan sólo de una cuarteta (cuatro versos, rimados el segundo y el cuarto) o de otra combinación métrica corta. Los temas son variados: el amor, el carnaval, la moral, la muerte, el suceso local, lo picaresco y picante.

refranes (proverbios): pensamientos o dichos de origen popular que suelen encerrar una lección moral. La obra clásica de la literatura gauchesca, *El gaucho Martín Fierro,* escrita por José Hernández en 1872, es fuente de diversos dichos y refranes populares argentinos.

Adivinanzas: ¿Quién soy?

(1)
Salgo de la sala,
voy a la cocina,
meneando la cola,
como una gallina.

(2)
Blanca fui,
blanca nací.
Ricos y pobres
toman de mí.

(3)
Vuelo sin alas,
silbo sin boca,
pego sin manos,
y no se me toca.

(4)
Cuando me siento, me estiro,
cuando me paro, me encojo;
entro al fuego y no me quemo,
entro al agua y no me mojo.

Colmos

– ¿Cuál es el colmo de
un jardinero?
– Que su novia lo deje
plantado.

– ¿Cuál es el colmo de
un médico?
– Que su hija se llame
Remedios.

– ¿Cuál es el colmo de un caballo?
– Tener silla y no poder sentarse.

– ¿Cuál es el colmo de un carpintero?
– Tener una mujer muy cómoda.

– ¿Cuál es el colmo de una costurera?
– Perder el hilo de la conversación.

Coplas tradicionales de las provincias noroestes argentinas

1.
La prueba de que te quiero
Es que no te digo nada.
Los amores nacen
Con la lengua atravesada.

2.
Piedrecita de la calle,
Niña, yo quisiera ser,
Para que tú me pisaras
Y yo besarte los pies.

3.
Quisiera ser como el perro
para ver y no sentir:
si le dan de comer, come,
y si no, se echa a dormir.

4.
De mi suerte no me quejo
Porque he nacido infeliz:
En la pila del bautismo
Faltó el agua para mí.

**Suggestions for *El folclor argentino*
display.** Read the *adivinanzas, coplas,
colmos,* and *refranes* with the
students, explaining any difficult
words.

Refranero popular

1. A buen entendedor, pocas palabras.

2. Los hermanos, sean unidos.

3. A cada gaucho, su mate.

4. Azúcar no hay, yerba tampoco.

5. A otro mate con esa yerba.

6.6 Making Connections to What You Already Know. Follow the directions.

1. Write the infinitive form of the bolded verbs from 6.5 in the table below. Next to each infinitive, write the corresponding **yo** form of the present tense.

-ar verbs	-er verbs	-ir verbs
solucionar: soluciono	_____	_____
_____	_____	_____
_____		
_____		

2. Complete the following rule: In order to form negative *tú* commands, you need to drop the final **o** of the **yo** form of the verb in the _____ tense and add the letters _____ for -*ar* verbs, and the letters _____ for -*er* and -*ir* verbs.

6.7 Did You Also Know That . . .?

The negative *tú* command . . .

■ **is the same as the second-person singular form of the present subjunctive.**

Es mejor que no los **apoyes**.   *It is best that you don't support them.*

¡No los **apoyes**!   *Don't support them!*

■ **and the present subjunctive of verbs that do not end in -o in the *yo* form of the present tense have irregular stems.**

dar: des   estar: estés   ir: vayas   saber: sepas   ser: seas

6.8 Test Yourself! Use negative *tú* commands to tell Viviana what not to do. Then use affirmative commands to give her positive advice.

> **Viviana Cáceres,** una joven de 15 años, rechaza muchos de los valores de sus padres. Viste a la última moda, dice mentiras, duerme hasta el mediodía, sale todas las noches y regresa a casa después de la medianoche, sólo ve programas de MTV y va al centro comercial en lugar de asistir a clase.

MODELO: No vistas a la última moda. Mejor, viste ropa conservadora.

1. No _____ mentiras. Mejor, _____ la verdad.
2. No _____ hasta el mediodía. Mejor, _____ sólo hasta las 6 de la mañana.
3. No _____ todas las noches. Mejor, _____ solamente los sábados.
4. No _____ a casa después de la medianoche. Mejor, _____ a las 11.
5. No _____ programas de MTV. Mejor, _____ documentales.
6. No _____ al centro comercial. Mejor, _____ a clase.

C. Direct and Indirect Object Placement with *tú* Commands

6.9 ¿Recuerda usted? Posición de los pronombres con mandatos informales

- Háblan<u>os</u> en español, hijo.
- Dime la verdad.
- Ese libro, préstamelo, ¿quieres?

- No nos hables en inglés.
- No me digas mentiras.
- No se lo prestes a Juan.

6.10 Making Connections to What You Already Know. Follow the instructions.

1. Underline all direct and indirect object pronouns in 6.9.
2. Circle the correct answers in the following rule: (a) In affirmative commands, the object pronouns *follow / precede* the command. (b) In negative commands, the object pronouns *follow / precede* the command. (c) In affirmative commands of more than one syllable, an accent is written on the *last / next-to-last* syllable of the basic command form when it has pronouns attached.

6.11 Did You Also Know That . . .?

in both affirmative and negative commands . . .

- **the indirect object pronoun precedes the direct object pronoun.**

  Esos discos ... devuélve**melos** pronto.   *Those records . . . return them to me soon.*
  No **se los** prestes a nadie.   *Don't lend them to anyone.*

- **reflexive pronouns (***me, te, se, nos, os, se***) follow the same placement rules as object pronouns. They follow affirmative commands and precede negative commands.**

  Haz**te** miembro de MECHA.   *Become a member of MECHA.*
  No **te** comprometas a trabajar tanto.   *Don't commit to working so much.*

- **the reflexive pronoun precedes the direct object pronoun.**

  Juan, tus medallas, pón**telas,** por favor.   *John, your medals, put them on, please.*

6.12 Test Yourself. An older couple is talking as they downsize their possessions. Circle the correct response. Pay attention to the command forms and the placement of the direct object, indirect object, and reflexive pronouns.

RAMIRO: Mi amor, ven acá, ¿qué hago con este cartel de César Chávez?

JOSEFINA: (1) *Se lo regalé / Regálaselo / Regáleselo* a los directores del centro comunitario. Podrán usarlo en su clase de historia chicana.

RAMIRO: ¿Y mis Medallas de Honor?

JOSEFINA: (2) *Guárdalas / Las guarda / Guárdeselas* en la cómoda. (3) No *se las das / dáselas / se las des* (dar) a nadie.

RAMIRO: ¿Y estos datos que guardaste sobre la participación de los hispanos en las fuerzas armadas de Estados Unidos?

JOSEFINA: (4) *Rómpalos / Rómpelos / Los rompas* y (5) *los tire / los tires / tíralos* a la basura. Ya los guardé en el disco duro de la computadora.

RAMIRO: Mi amor, (6) *tráigame / me traigas / tráeme* la escalera, ¿quieres? Voy a subirme al ático para ver qué más podemos tirar.

JOSEFINA: ¡No (7) *te subas / te subes / súbete* a la escalera! Si te caes y te mueres, ¿qué hago?

RAMIRO: Pues, (8) *cásese / cásate / te cases* con otro, pero que no sea con ese Ramón. (9) ¡*Me lo prometes!* / ¡*Me lo prometas!* / ¡*Prométemelo!*

JOSEFINA: ¡Ay, viejo! (10) No *preocúpate / te preocupas / te preocupes*. No me voy a casar con otro, ni mucho menos con Ramón. Vamos. Quiero descansar.

RAMIRO: Bueno, vida mía, (11) *acuéstese / te acuestes / acuéstate* un rato. Mientras tanto, voy a hablarle a Ramón para decirle que no permito que se case contigo cuando yo me muera.

JOSEFINA: ¡Ay, viejo!

Refer to **Uses of the Present Subjunctive,** pages 158–161, to help you review the reasons for using the subjunctive mood before beginning this section.

el Templo de las Inscripciones

CAPÍTULO 7

A. Present Perfect Subjunctive

7.1 ¿Recuerda usted? Formación y usos del presente perfecto del subjuntivo

- Me alegro de que **hayas tenido** la oportunidad de ver el Templo de las Inscripciones cuando estuviste en Palenque.
- ¿Conoces a alguien que **haya visto** los murales de Bonampak en el estado de Chiapas, México?
- A la profesora le sorprende que **hayamos ido** a San Cristóbal de las Casas sin ella.
- A Diego le parece ridículo que (yo) **haya pasado** un mes en Mérida sin ver Mayapán, la última capital de los mayas.
- Dudo que los aztecas **hayan pintado** los murales de Bonampak. ¿No habitaron los mayas en esta zona?

7.2 Making Connections to What You Already Know. Read the sentences in 7.1 carefully and then follow the instructions below.

1. Study the bolded words in each sentence. Now circle the correct words to complete the following rule:
   The present perfect subjunctive is formed by using the *present subjunctive / present indicative* of the verb **haber** (to have) and a *present / past* participle.

2. Write the present subjunctive forms of **haber** here.

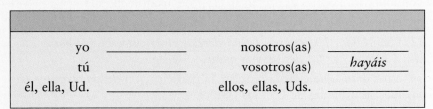

yo _____	nosotros(as) _____
tú _____	vosotros(as) *hayáis*
él, ella, Ud. _____	ellos, ellas, Uds. _____

3. Fill in the blanks. In order to form the past participle of most of the verbs in 7.1, the ending _____ was added to the stem of *-ar* verbs and the ending _____ to the stem of *-ir* and *-er* verbs. The only irregular past participle in the chart is _____ from the verb _____.

4. Circle the correct responses. In the examples in 7.1, the present perfect subjunctive is used in the dependent (second) clause when the main (first) verb is in the *past / present* tense. It is used to express present feelings, emotions, negation, and doubt about a *past / present / future* action.

7.3 Did You Also Know That . . . ?

the present perfect subjunctive . . .

■ **is typically used to indicate that the action of the verb in the dependent (second) clause is perceived as completed in the past.**

Dudo que los aztecas hayan pintado los murales de Bonampak.	*I doubt that the Aztecs painted the Bonampak murals.*
Es extraño que el profesor de arqueología se haya perdido en la Sierra de Chiapas.	*It's strange that the archaeology professor got lost in the mountains of Chiapas.*

■ **can also be used when the action of the verb in the dependent (second) clause is prior to a main verb in the future or present perfect indicative.**

Me iré de vacaciones a la Península de Yucatán cuando haya ahorrado suficiente dinero.	*I will go on vacation to the Yucatan Peninsula when I have saved enough money.*
¡Nunca he conocido a nadie que haya visto tantas ruinas mayas como tú!	*I have never known anyone who has seen as many Mayan ruins as you!*

7.4 Test Yourself! Express your personal reactions to the latest news from Mexico.

Useful expressions: *es sorprendente (bueno, curioso, increíble), no creo, me parece interesante, me da pena.*

MODELO: Vicente Fox ha inaugurado un programa radiofónico semanal en Estados Unidos para hablar del tema migratorio.

Me parece interesante que Fox haya inaugurado ese programa radiofónico.

1. México estableció zonas marinas de refugio para las ballenas.
2. Las autoridades liberaron a tres indígenas simpatizantes de la guerrilla zapatista.
3. Una lancha con 23 salvadoreños y guatemaltecos se hundió en el sur de México.
4. Los atentados del 11 de septiembre impactaron la industria hotelera de México.
5. La primera dama Martha Sahagún autorizó el uso del Castillo de Chapultepec para un concierto de Elton John.

B. Imperfect (Past) Subjunctive

Forms of the Imperfect (Past) Subjunctive

7.5 ¿Recuerda usted? Formas del imperfecto del subjuntivo

- Yo quería que mi esposo me **acompañara** a San Cristóbal de las Casas.
- El señor Ocampo me sugirió que **viera** las famosas estelas de Edzná.
- A la profesora le encantó que sus estudiantes **fueran** con ella al Museo Na Bolom.
- Era increíble que (tú) no **supieras** que todos íbamos a Cancún.
- Nuestros amigos nos pidieron que les **trajéramos** unos recuerdos del viaje.
- Me sorprendió que (vosotros) **estuvierais** tan cansados después del viaje.

7.6 Making Connections to What You Already Know. Follow all instructions.

1. The third-person plural of the preterite forms the stem of the imperfect subjunctive. Write the third-person plural form of the preterite for each verb below. Then circle the stem of each verb by removing the ending -*ron*.

comer ___comie(ron)___	hablar _____
leer _____	decir _____
ir _____	tener _____
ver _____	dormir _____

2. Based on the sentences given in 7.5, fill in the endings for each person in the imperfect subjunctive.

yo	__-ra__	nosotros(as)	_____
tú	_____	vosotros(as)	_____
él, ella, Ud.	_____	ellos, ellas, Uds.	_____

3. Use the information from steps 1 and 2 to help you to write the imperfect subjunctive forms for the following subjects and verbs.

ellos / tener _____	ella / leer _____
nosotros / ir _____	él / dormir _____
yo / decir _____	Uds. / hablar _____
tú / comer _____	nosotras / ver _____

4. Which is the only form that requires a written accent? _____

7.7 Did You Also Know That . . .?

- any irregularities in the third-person plural form of the preterite will also occur in *all* forms of the imperfect subjunctive. In the preterite indicative, these same stem and/or spelling changes occur *only* in third-person forms.

	Preterite	Imperfect Subjunctive
e → i	pidieron	pidiera, pidieras, pidiera, pidiéramos, pidierais, pidieran
o → u	murieron	muriera, murieras, muriera, muriéramos, murierais, muriera
i → y	leyeron	leyera, leyeras, leyera, leyéramos, leyerais, leyeran

- the imperfect subjunctive can be formed using the endings *-se, -ses, -se, -semos, -seis, -sen*. This set of endings is used in formal speech and in literary works in Spain and parts of Latin America.

Si Rosario fuese la primera dama de México, no permitiría el uso del Castillo de Chapultepec para conciertos.

If Rosario were the first lady of Mexico, she would not permit the use of Chapultepec Castle for any concerts.

7.8 Test Yourself! An anthropology professor gave his daughter and students advice for an upcoming trip to the Yucatan. Complete the sentences with the imperfect subjunctive of the verb in parentheses.

El profesor de antropología les aconsejó (a sus estudiantes) que antes de salir. . .

1. _____ (comprar) botas y ropa apropiada para la selva.
2. _____ (aprender) algo sobre la ciudad de Caracol en el territorio selvático de Belice.

Además le dijo a su hija de siete años que no. . .

3. _____ (subir) las pirámides. Los escalones son muy estrechos.
4. _____ (saltar) en las magníficas estelas.

A nosotros nos recomendó que nunca. . .

5. _____ (salir) a pasear en la selva sin estar acompañados.
6. _____ (vestir) de manga corta en la jungla.

una estela

Uses of the (Past) Imperfect Subjunctive:

7.9 ¿Recuerda usted? Usos del imperfecto del subjuntivo

El presente del subjuntivo	El imperfecto del subjuntivo
■ No me <u>gusta</u> que mi novio **tenga** el pelo grasoso. *I don't like that my boyfriend has greasy hair.*	■ No me <u>gustaba</u> que mi novio **tuviera** el pelo grasoso. *I didn't like that my boyfriend had greasy hair.*
■ Jorge <u>duda</u> que yo **pase** tiempo en México. *George doubts that I will spend time in Mexico.*	■ Jorge <u>dudaba</u> que yo **pasara** tiempo en México. *George doubted that I would spend time in Mexico.*
■ A mi madre le <u>molesta</u> que mis amigos **sean** antipáticos. *It bothers my mother that my friends are bad-tempered.*	■ A mi madre le <u>molestaba</u> que mis amigos **fueran** antipáticos. *It bothered my mother that my friends were bad-tempered.*
■ Me <u>parece</u> extraño que tú no **quieras** viajar a México. *It seems strange to me that you do not want to travel to Mexico.*	■ Me <u>pareció</u> extraño que tú no **quisieras** viajar a México. *It seemed strange to me that you would not want to travel to Mexico.*

7.10 Making Connections to What You Already Know. Circle all responses that apply to the sample sentences in 7.1 and 7.9.

1. When the subjunctive is required, and the verb in the main (first) clause is in the present tense, . . .
   a. the *present subjunctive / present perfect subjunctive* is used in the dependent (second) clause to refer to a future or present action or state.
   b. the *present subjunctive / present perfect subjunctive* is used in the dependent (second) clause to refer to a past action or state.

2. When the subjunctive is required, and the verb in the main (first) clause is in the preterite or the imperfect, the *imperfect subjunctive / present perfect subjunctive* is used in the dependent (second) clause. This second clause refers to a simultaneous or future action.

7.11 Did You Also Know That . . .?

the imperfect (past) subjunctive . . .

■ **can be used when the action of the verb in the dependent (second) clause is prior to a main verb in the present. In this case, the action is perceived as ongoing or habitual in the past.**

No creo que los nobles mayas participaran en los juegos de pelota. Los jugadores siempre eran los prisioneros de guerra.

I don't believe the Mayan nobles would (used to) participate in the ball games. The players were always prisoners of war.

■ **can be used when the main verb is in the conditional (or pluperfect).**

Me gustaría que me llevaras contigo para ver las ruinas.

I would like you to take me with you to see the ruins.

■ **is used with *Ojalá que* to express an impossible or improbable wish.**

Ojalá que mi primo me llevara a ver Cobá.

I wish my cousin would take me to Cobá. (He probably won't.)

7.12. Test Yourself! You just came back from studying for a year in Mexico City. Select the correct verb form to complete each statement.

1. En México era preciso que (yo) *hable / hablara* solamente en español.

2. Mi profesor insistía en que mis amigos y yo *fuéramos / hayamos ido* a Copán.

3. Me sorprendió que mis amigos mexicanos no *supieran / sepan* donde quedaba Bonampak.

4. Aprendí mucho sobre los mayas. No es verdad que ellos *vivan / vivieran* en el Perú.

5. Esta noche mis amigos me van a dar una fiesta de bienvenida. Me alegro de que no *se hayan olvidado / olviden* de mí.

6. ¿Sabes que mi madre insistía en que (yo) la *haya llamado / llamara* todos los días?

7. Prefiero que mi familia no me *visite / visitara* durante mi próxima estancia en México.

8. Me gustaría que mi novio(a) *volviera / haya vuelto* conmigo a México en el futuro.

The Imperfect (Past) Subjunctive in Conditional *si* Clauses

7.13 ¿Recuerda usted? Cláusulas que dependen de *si*

■ Si (yo) **fuera** el presidente Fox, pondría en libertad a todos los presos políticos.

■ Si nosotros **ganáramos** la lotería, compraríamos una casa en Coyoacán.

■ ¿Qué harías si tus amigos te **dijeran** malinchista?

■ Si Ana **tuviera** tiempo, viajaría por todo México. (Sin embargo, está muy ocupada estos días.)

■ La primera dama de México prepararía una gran cena para el presidente Bush si su esposo la **ayudara**.

7.14 Making Connections to What You Already Know. Follow instructions.

1. Circle the correct answers that apply to the sentences in 7.13. The *conditional / imperfect subjunctive* is used in the *si* clause and the *conditional / imperfect subjunctive* is used in the result clause.

2. Check all responses that apply. *Si* clauses of the type in 7.13 refer to . . .

    a. _____ situations that are improbable (unlikely to occur)

    b. _____ statements that are contrary to fact (contrary to the truth)

    c. _____ habitual actions

    d. _____ situations that are probable or likely to occur

3. The imperfect subjunctive is used when the statement made in the *si* clause refers to . . .

    a. _____ present time

    b. _____ future time

    c. _____ past time

7.15 Did You Also Know That . . .?

■ **the expression *como si* is always followed by the imperfect subjunctive to denote an action simultaneous with the main verb.**

Vicente Fernández tendrá que hablar y   *Vicente Fernández will have to talk and act*
actuar como si de verdad fuera   *as if he really were Emiliano Zapata.*
Emiliano Zapata.

■ **the indicative is used in both clauses when the situation expressed is considered to be true or probable.**

Si no llueve mañana, exploraremos las   *If it doesn't rain tomorrow, we will explore*
antiguas ruinas de Palenque.   *the ancient ruins of Palenque.*

7.16 Test Yourself! Complete each sentence logically using the imperfect subjunctive of one of the following verbs:

blanquear, poder, estar, tener, haber, vivir, ser.

MODELO: Si Paco le _____ los dientes amarillentos a su perro, éste no sería tan feo.
          Si Paco le **blanqueara** los dientes amarillentos a su perro, éste no sería tan feo.

1. Si Isabel no _____ tan presumida, tendría más amigos.
2. ¿Tendrían miedo Uds. si _____ cerca del Volcán de Fuego en Colima, México?
3. Si (yo) _____ un don para el arte, viviría en Coyoacán.
4. Iríamos a vivir a la Ciudad de México si _____ obtener empleo allí.
5. Si _____ más oportunidades de empleo en México, mucha gente jamás cruzaría la frontera.
6. Si _____ en Palenque, ¿subirías al Templo de la Cruz?

C. The Subjunctive In Adjective Clauses

7.17 ¿Recuerda usted? El subjuntivo en cláusulas adjetivas

Personas y cosas inexistentes o indefinidas (subjuntivo)	Personas o cosas existentes o ciertas (indicativo)
■ a. Busco una <u>novia</u> que <u>tenga</u> hoyuelos y <u>pecas</u>.	■ b. Tengo una <u>novia</u> que <u>tiene</u> hoyuelos y <u>pecas</u>.
■ a. No conozco a nadie que sea tan enojón como tú.	■ b. Conozco a un chico que es muy enojón.
■ a. Pepa necesita un esposo que la trate como si fuera una reina.	■ b. Pepa tiene un esposo que la trata como si fuera una reina.
■ a. Preferimos vivir en un lugar donde haya gente amigable.	■ b. San Miguel de Allende es un lugar donde hay gente amigable.
■ a. Quería encontrar un hombre que tuviera mucho dinero.	■ b. Encontró a un hombre que tenía mucho dinero.
■ a. ¿No había nada en la tienda que fuera barato?	■ b. Todo en la tienda era carísimo.

7.18 Making Connections to What You Already Know. Follow the instructions.

1. An adjective clause is a clause that modifies (describes) a noun. Underline the words that modify the noun in each sentence in 7.17 and double underline the noun they modify.

2. Write the word (the relative pronoun) that is used to connect the noun and adjective clause here: _____.

3. Circle the correct response. The subjunctive is used in an adjective clause when it refers to a person or object that is *certain (definite) / indefinite or nonexistent.*

4. Circle the correct response. The indicative is used in an adjective clause when it refers to a person or object that is *certain (definite) / indefinite or nonexistent.*

5. Circle the correct answers as they apply to the sentences in the first column of 7.17. When the tense of the first verb in the sentence is in . . .

   a. the present tense, the verb in the adjective clause is in the *imperfect / present* subjunctive.

   b. the past tense, the verb in the adjective clause is in the *imperfect / present* subjunctive.

7.19 Did You Also Know That . . .?

■ the *personal a* is used in sentences with dependent adjective clauses only if they contain *alguien, nadie,* or *ningún(a)* + noun.

Buscamos una person que sea confiable.   *We are looking for a person who is reliable.*

¿Conoces **a** alguien que sea confiable?   *Do you know anyone who is reliable?*

No conozco **a** ninguna persona que sea confiable.   *I don't know any person who's reliable.*

7.20 Test Yourself! Complete the sentences with the correct form and tense of the indicative or subjunctive, according to the context.

MODELO: Ese chico de aspecto descuidado busca una criada que _____ (saber) lavar y planchar.
Ese chico de aspecto descuidado busca una criada que sepa lavar y planchar.

1. Mi abuelo de ochenta años buscaba una compañera que todavía _____ (bailar).

2. Un joven de pelo canoso necesita una peluquera que le _____ (teñir) el pelo.

3. Una mujer dominante prefiere los hombres que no _____ (ser) agresivos.

4. Ese niño quería un juguete que _____ (ser) la envidia de sus amiguitos.

5. Yo tengo muchos amigos que _____ (ser) muy educados.

6. ¿No hay nada aquí que _____ (costar) menos de veinte dólares?

CAPÍTULO 8

A. Adverbial Clauses

The Indicative in Adverbial Clauses

8.1 ¿Recuerda usted? Usos del indicativo en cláusulas adverbiales

■ Los indígenas protestaron **cuando** fueron desplazados por la actividad guerrillera.

■ La situación cambiará **ahora que** los colombianos han elegido a un nuevo presidente.

■ Mi hijo se preocupa por el deterioro ambiental **aunque** sólo tiene 10 años.

■ La gente sufre de desnutrición **donde** existe mucha pobreza.

■ Siempre hay mucho interés en los casos de prejuicio **después de que** los periódicos los publican.

■ Cárdenas habla **de manera que** la gente siempre comprende su mensaje.

8.2 Making Connections to What You Already Know. Follow the directions.

1. The bolded words and phrases connect the two parts (clauses) of the sentences in 8.1. They are called adverbial conjunctions. They introduce adverbial clauses. Underline the adverbial clauses.

2. Circle the correct answer: The adverbial clauses in 8.1 refer to (a) *facts, known outcomes, and customary actions* or (b) *uncertainties and pending or hypothetical events.*

3. Look at the verbs in the adverbial clauses in 8.1, then complete this rule: When an adverbial clause **indicates** something that is factual, customary, or already completed, its verb is in the *indicative / subjunctive.*

The Subjunctive in Adverbial Clauses

8.3 ¿Recuerda usted? Usos del subjuntivo en cláusulas adverbiales

■ Los activistas indígenas dejarán de abogar por sus derechos **tan pronto como** (*as soon as*) el gobierno los trate como iguales.

■ La cantante mapuche prometió cantar **a condición de que** (*on the condition that*) la casa discográfica la grabara.

■ El presidente hablará con los guerrilleros **a menos que** (*unless*) ellos se nieguen a abandonar las armas.

■ El movimiento cimarrón denunció el racismo **para que** (*so that*) todos se dieran cuenta de su existencia.

■ El guardaespaldas acompañará a la senadora **en caso de que** (*in case*) traten de secuestrarla.

■ Tendrán que morir muchos inocentes **antes de que** (*before*) el gobierno reconozca la gravedad de su situación.

8.4 Making Connections to What You Already Know. Follow the directions.

1. In 8.3, the bolded words are adverbial conjunctions. Underline the adverbial clauses that they introduce.

2. Circle the correct answer: The adverbial clauses in 8.3 refer to (a) *facts, known outcomes, and customary actions* or (b) *uncertainties and pending or hypothetical events.*

3. Look at the verbs in the adverbial clauses in 8.3, then complete this rule: When an adverbial clause **suggests** something that is pending, hypothetical, or uncertain, its verb is in the *indicative / subjunctive.*

8.5 Did You Also Know That . . .?

certain adverbial conjunctions . . .

■ **always introduce hypothetical, uncertain, contingent, or anticipated events. Consequently, they always are followed by the subjunctive in the dependent clause.**

a condición de que	*on condition that*	en caso de que	*in case*
a fin de que	*in order that*	para que	*in order that*
a menos que	*unless*	siempre que	*provided that*
antes de que	*before*	sin que	*without*
con tal de que	*provided that*		

■ **always introduce events that the speaker considers to be factual. Consequently, they always are followed by the indicative in the dependent clause.**

ya que   *since*   puesto que   *since*   ahora que   *now that*

■ **are followed by either the indicative or the subjunctive, depending on whether the action is factual or uncertain.**

aunque	*although, even though*	donde	*where, wherever*
como	*as, since, how*	en cuanto	*as soon as*
cuando	*when*	hasta que	*until*
de modo (manera) que	*in such a way that*	mientras que	*while*
después de que	*after*	tan pronto como	*as soon as*

Indicative	Subjunctive
Factual/Customary	**Uncertain/Anticipated**
Me entristezco **cuando leo** las historias de violaciones de derechos humanos.	Te impresionará el artículo de WATU **cuando** lo **leas.**
I get sad when I read the stories of human rights violations.	*The WATU article will impress you when you read it.*
Aunque el activista **llegó** tarde, todavía tuvo tiempo de hablar de la marginación.	**Aunque lleguemos** tarde, te ayudaremos a distribuir los materiales.
Although the activist arrived late, he still had time to talk about marginalization.	*Although we may arrive late, we will help you to distribute the materials.*
Marta distribuyó la comida **tan pronto como llegó.**	Empezaremos a combatir la desnutrición **tan pronto como** nos **lleguen** los fondos.
Martha distributed the food as soon as it arrived.	*We will start to combat malnourishment as soon as the funds arrive.*
Rigoberta Menchú luchó **de manera que** el gobierno **cambió** sus leyes.	Rigoberta Menchú seguirá luchando **de manera que** los gobiernos **decidan** tratar como iguales a los indígenas.
Rigoberta Menchú fought so that the government changed its laws.	*Rigoberta Menchú will continue to fight so that governments may decide to treat Indians as equals.*

Stem-changing and Orthographic-changing Verbs (continued)

Infinitive Present Participle Past Participle	Indicative					Subjunctive		Imperative
	Present	Imperfect	Preterite	Future	Conditional	Present	Imperfect	
producir (zc) produciendo producido	produzco produces produce producimos producís producen	producía producías producía producíamos producíais producían	produje produjiste produjo produjimos produjisteis produjeron	produciré producirás producirá produciremos produciréis producirán	produciría producirías produciría produciríamos produciríais producirían	produzca produzcas produzca produzcamos produzcáis produzcan	produjera produjeras produjera produjéramos produjerais produjeran	produce tú, no produzcas produzca usted produzcamos pruducid vosotros no produzcáis produzcan Uds.
reír (i, i) riendo reído	río ríes ríe reímos reís ríen	reía reías reía reíamos reíais reían	reí reíste rio reímos reísteis rieron	reiré reirás reirá reiremos reiréis reirán	reiría reirías reiría reiríamos reiríais reirían	ría rías ría riamos riáis rían	riera rieras riera riéramos rierais rieran	ríe tú, no rías ría usted riamos reíd vosotros no riáis rían Uds.
seguir (i, i) (ga) siguiendo seguido	sigo sigues sigue seguimos seguís siguen	seguía seguías seguía seguíamos seguíais seguían	seguí seguiste siguió seguimos seguisteis siguieron	seguiré seguirás seguirá seguiremos seguiréis seguirán	seguiría seguirías seguiría seguiríamos seguiríais seguirían	siga sigas siga sigamos sigáis sigan	siguiera siguieras siguiera siguiéramos siguierais siguieran	sigue tú, no sigas siga usted sigamos seguid vosotros no sigáis sigan Uds.
sentir (ie, i) sintiendo sentido	siento sientes siente sentimos sentís sienten	sentía sentías sentía sentíamos sentíais sentían	sentí sentiste sintió sentimos sentisteis sintieron	sentiré sentirás sentirá sentiremos sentiréis sentirán	sentiría sentirías sentiría sentiríamos sentiríais sentirían	sienta sientas sienta sintamos sintáis sientan	sintiera sintieras sintiera sintiéramos sintierais sintieran	siente tú, no sientas sienta usted sintamos sentid vosotros no sintáis sientan Uds.
volver (ue) volviendo vuelto	vuelvo vuelves vuelve volvemos volvéis vuelven	volvía volvías volvía volvíamos volvíais volvían	volví volviste volvió volvimos volvisteis volvieron	volveré volverás volverá volveremos volveréis volverán	volvería volverías volvería volveríamos volveríais volverían	vuelva vuelvas vuelva volvamos volváis vuelvan	volviera volvieras volviera volviéramos volvierais volvieran	vuelve tú, no vuelvas vuelva usted volvamos volved vosotros no volváis vuelvan Uds.

Spanish-English Glossary

This glossary contains the active and receptive vocabulary found in Portales. A bolded number following a word indicates the chapter where it appears in the Vocabulario clave list. An italicized number refers to the chapter where it first appears as receptive vocabulary.

A

a fin de que so that, *8*
a menos que unless, *8*
a plazos (pagar a) to pay in installments, **4**
a través de through, *7*
abandono abandonment, *9*
abarcar to include, encompass, *4*
abogado(a) lawyer, **8**
abogar por to advocate, to plead for, *8*
abolir to abolish, *8*
aborigen indigenous, *1*
abrazo hug, *1*
abundante plentiful, abundant, *7*
acabar de to just have done something, *9*
acaso perhaps, *8*
acechar to lie in ambush for, *10*
aceitoso(a) oily, *10*
aceituna olive, *3*
acera sidewalk, *5*
acercarse to get close, *8*
acogida welcome, reception
   familia de acogida host family, *4*
acomodado(a) comfortably off, rich, well-to-do, *5*
acomodarse to adjust to, *4*
acompañar to accompany
   acompañar en el sentimiento to share someone's sorrow, **9**
aconsejar to advise, *5*
actitud attitude, *8*
activista activist, *6*
actual current, *4*
actualmente currently, *5*
acuático(a) aquatic, *2*
acudir to go, present oneself, *9*
acueducto aqueduct, *5*
adecuado(a) adequate, *8*
adelanto advance,
   una hora de adelanto an hour ahead of time, *4*
adivinanza riddle, *9*

adivinar to guess, *10*
advertencia warning, *6*
afirmación statement, *5*
afueras outskirts, *5*
agarrar to grab, *10*
agazapar to grab hold of, *10*
agitar to mix, stir, shake, *9*
agradar to please, *7*
agregar to add, *8*
agreste rugged, rough, *2*
agrícola agricultural, *6*
agrio(a) sour, *1*
agua water, *2*
aguacate avocado, *3*
aguas termales hot springs, *2*
agudo(a) high-pitched, sharp, **1**, *7*
águila eagle, *6*
aguileño(a) curved or hooked like an eagle's beak, *7*
aguinaldo Christmas carol, *1*
agujero hole, *3*
ahijado(a) godson (goddaughter), **9**
ahorrar to save, *4*
ahorros savings, *4*
aislamiento isolation, *8*
aislar to isolate, *8*
ajeno(a) belonging to another, foreign, *8*
ají chili pepper, *3*
ala wing, *9*
alabanza praise, *1*
alameda walk lined with trees, *10*
albañil mason, bricklayer, *2*
alcalde (alcaldesa) mayor, *5*
alcance reach, grasp, *10*
alcancía piggy bank, *4*
alcanzar to achieve, to attain, **6**
alcázar castle, *5*
alfabetización literacy, *1*
alfombra carpet, *3*
alga seaweed, *10*
alguien someone, *9*
alianza alliance, *8*
alimentación feeding, nourishment, *3*

alimento food, **2**, *3*
almacén department store, **4**, *5*
almendra almond, *3*
alojamiento lodging, *4*
alojarse to stay, *4*
alpinismo mountain climbing, *2*
alquilar to rent, *4*
alquiler rent, *4*
alrededor around, *5*
alrededores outskirts, *5*
altiplano high plateau, *2*
alto(a) tall, *7*
amabilidad kindness, *7*
amable kind, *7*
amante lover, *10*
amargo(a) bitter, *1*
amarillento(a) yellowed, *7*
amarrar to tie, *1*
ambicioso(a) ambitious, *3*
ambiental environmental, *8*
ambos(as) both, *8*
amenaza threat, **6**, *8*
amenazar to threaten, *8*
ameno(a) pleasant, *10*
amigable friendly, *7*
amistad friendship, *9*
amontonar to pile up, *9*
amor love
   el amor a primera vista love at first sight, **9**
amoroso(a) loving, affectionate, *10*
ampliar to expand, broaden, *3*
amplio(a) ample, comprehensive, *6*
amplio(a) wide, ample, comprehensive, **6**, *7*
amplitud scope, magnitude, *10*
amueblado(a) furnished, *4*
amurallado(a) walled, *5*
analfabetismo illiteracy, *8*
analfabeto(a) illiterate, *9*
ancho width, *4*
ancho(a) wide, *1*
anchura width, *4*
anciano(a) old man, woman, *2*

andar walk, pace, gait, *7*
andas portable platform, *3*
andenes cultivation terraces, *2*
andinismo mountain climbing, *2*
andino Andean, *2*
anfiteatro amphitheater, *5*
anfitrión(ona) host, hostess, *9*
anglosajón(ona) Anglo-Saxon, *6*
anillo ring
   anillo de bodas wedding ring
   anillo de compromiso
   engagement ring, *9*
animado(a) animated, *7*
anochecer nightfall, *5*
anotar to jot down, make a note
   of, *4*
anteojos glasses, *2*
antepasados ancestors, *2, 8*
anterior previous, *9*
antes before, *8*
anticuado(a) antiquated, *8*
antiguo(a) ancient, *2*
antiquísimo(a) ancient, very old, *10*
anual annual, *4*
anuncio comercial advertisement, *6*
apacible even-tempered, calm,
   peaceful, *7*
apagar to extinguish, put out, *5*
apareamiento mating, *1*
aparecer to appear, *2*
aparición appearance, *9*
apertura opening, *8*
apestar to stink, *1*
apestoso(a) smelly, nauseating, *1*
apoderado(a) attorney, manager,
   agent, *10*
apodo nickname, *8*
aportación contribution, *6*
aportar to contribute, *6, 8*
aporte contribution, *6, 8*
apoyar support, *4, 6*
aprisionar to imprison, *10*
apuntar to jot down, *8*
apuntes notes, *9*
árbol frutal fruit tree, *3*
archipiélago archipelago, *2*
aretes earrings, *2*
argot slang, *4*
argumento plot, *10*
armar to put together, *10*
armas de fuego firearms, *3*

arpa harp, *1*
arqueado(a) arched, *7*
arquitectónico architectural, *3*
arrasado(a) destroyed, demolished,
   10
arrastrar to drag along, pull, *1*
arrellanado(a) stretched out and
   made comfortable, *10*
arriesgado(a) risky, *2*
arrodillarse to kneel, *10*
arroyo stream, brook, *10*
arroz rice, *3*
arruga wrinkle, *7*
artesanía handicrafts, *4*
artesano(a) craftsman, artisan, *3*
asaltar to assault, attack, *5*
asalto attack, *5*
asamblea assembly, *8*
ascendencia ancestry
   ser de ascendencia... to be of . . .
   heritage, *8*
asegurar to insure, *4*
aserrín sawdust, *3*
asesinar to kill, assassinate, *5*
asiento seat, *4*
asimilación assimilation, *6*
asimilarse to assimilate, *6*
asistencia attendance, *9*
asistir a to attend, *8, 9*
aspecto appearance, *7*
áspero(a) rough, *1*
astro star, *2*
asunto subject, theme, *9*
atardecer nightfall, *10*
ataúd casket, coffin, *9*
atentamente yours truly, sincerely, *1*
aterrorizar to terrorize, terrify,
   frighten, *3, 8*
ático attic, *5*
atol drink prepared with cornmeal, *4*
atractivo attraction, charm,
   appeal, *5*
atraer to attract, *6*
atrapar to trap, *2*
atravesar to cross, *2*
atrevido(a) daring, *3*
atún tuna, *3*
auditivo(a) listening, *7*
aumentar to increase
aunque although, *8*
ausencia absence, *8*

ausente absent, *8*
autobiografía autobiography, *10*
autobiográfico(a) autobiographical,
   10
autodeterminación self-
   determination, *5*
autoestima self-esteem, *6*
autonomía autonomy, political /
   administrative regions in
   Spain, *5*
autopista freeway, *5*
autor(a) author, *10*
autoritario(a) authoritarian, *3*
autorretrato self-portrait, *7*
auxiliar to help, assist, *5*
auxilio aid
   primeros auxilios first aid, *5*
avance advance, *8*
avaricioso(a) greedy, *3*
ave bird, *2*
aventura adventure, *3*
aventurero(a) adventurous, *5*
averiguar to find out, *5*
ayote a type of squash, *3*
ayudar to aid / help, *5*
ayuntamiento city hall, *5*
azafata stewardess, *8*
azar chance, *10*
azúcar sugar, *3*

B

babosadas stupidities, *7*
bacalao codfish, *3*
bailable danceable, *1*
bajo bass, *1*
bajo(a) short, *7*
ballena jorobada humpback whale, *1*
balneario bathing resort, spa, *5*
balsa raft, *1*
banano banana tree, banana, *3*
bandera flag, *6*
bandoneón type of accordian, *9*
barato(a) cheap, *4*
barbudo(a) bearded, *3*
barco de vela sailboat, *5*
barrio neighborhood, *5*
barro mud, *4*
barroco Baroque, *3*
basílica basilica (a Catholic church
   or cathedral accorded certain
   ceremonial rights by the pope), *9*

batalla battle, *6*
batata sweet potato, *3*
bautismo baptism, **9**
bautizar to baptize, *3*, **9**
bautizo baptism, **9**
beber to drink, *5*
bebida drink, **9**
belleza beauty, *1*
beneficio benefit, *4*
beneficioso(a) beneficial, **9**
beso kiss, *1*
bienes wealth, assets, *4*
bienestar well-being, *4*, *6*, *8*
bigotudo(a) having a large
    mustache, *7*
bilingüismo bilingualism, *6*
billete paper bill, *4*
biografía biography, *10*
blando(a) soft, *5*
blanqueado(a) whitened, *5*
bloque block, *2*
bocado bite, mouthful, *7*
boda wedding, **9**
boj boxwood, *8*
boleta ballot, *4*
boletín bulletin, *10*
boleto ticket, *4*
bolsa bag
    bolsa de papel paper bag, *7*
bolsillo pocket, *8*
    libro de bolsillo paperback
    book, *10*
bomba the Dominican national
    dance; a big drum, *1*
bordeado(a) bordered, *2*
borrar to erase, *2*
bosque woods, forest
    bosque lluvioso / nuboso rain /
    cloud forest, *2*
bosquejo outline, **9**
botija jug, *1*
brillar to shine, *10*
brincar to jump, *10*
brindar to offer; to toast or drink,
    6, **9**
brindis toast, **9**
broche brooch, *2*
bromear to joke, *6*
brújula compass, *3*
bruñido(a) burnished, *10*
brusco(a) brusque, abrupt, blunt, *7*

bullicio noise, hubbub, *4*
burgués bourgeois, middle-class, *5*
burlarse de to make fun of, *10*
búsqueda search, *1*, *3*
butifarra pork sausage, *10*
buzón mailbox, *5*

C

cabaña cabin, *10*
caber to fit, *GG1*
cabra goat, *3*
cacahuate (cacahuete) peanut, *3*
cacao cocoa, *1*, *3*
cacarear to crow, *4*
cacique Indian chieftain, *3*
cadáver cadaver, **9**
cadena chain, *1*
caer to fall
    caerle bien to agree, to suit, to like
    caerle mal not to agree, not to
    suit, not to like, **9**
café coffee, café, *3*, *5*
caída del sol sunset, *2*
caja box, *4*
cal lime, *5*
calabaza pumpkin, squash, *1*, *3*
cálido(a) hot, balmy, *2*
callado(a) quiet, *3*
callejero(a) pertaining to the street,
    fond of roaming the streets, *4*
caluroso(a) hot, *2*
camarón shrimp, *2*
cambiar to exchange, *4*
cambio change
    en cambio on the other hand, *4*, **9**
caminar walk, pace, gait, *7*
caminata walk, hike, *2*
camote sweet potato, *3*
campaña campaign, *4*
campera jacket, *2*
campesino(a) rural, peasant, *8*
campo countryside, *2*
camposanto cemetery, **9**
canela cinnamon, *3*
canoa canoe, *3*
canoso(a) gray-haired, *7*
cansancio tiredness, **9**
cantidad quantity, *4*
caña cane
    caña de azúcar sugar cane, *1*, *3*
capa layer, *2*

capaz capable, *8*
captar to capture, attract
    (attention), *4*
capucha hood, *7*
carácter character, personality
    de buen carácter good-natured
    de mal carácter ill-natured, *7*
característica characteristic, *7*, *10*
carátula cover (as record, CD), *1*
carbón coal, *10*
cárcel jail, *5*
cargar to carry, *3*
caricatura caricature, *7*
caricia caress, *10*
cariñosamente / con cariño
    affectionately, *1*
cariñoso(a) affectionate, *7*
carismático(a) charismatic, *3*
carne flesh
    individuo de carne y hueso
    person of flesh and blood, *10*
caro(a) expensive, *4*
carpa tent, *3*
carrera race, *1*
carroza coach, carriage, float, **9**
carta letter, *5*
cartas marinas navigation
    charts, *3*
casa de cambio money exchange
    office, *4*
casamiento wedding, **9**
casarse to get married
    casarse por la iglesia to get
    married by the church
    casarse por lo civil civil
    marriage, **9**
cascada waterfall, *2*
casco area
    casco antiguo old section of a
    city or town, *5*
casero(a) home-made, of the home,
    10
castaño(a) brown, *7*
castillo castle, *5*
catedral cathedral, *5*
causa cause
    a causa de because of, **9**
cautivar to capture, take prisoner, *3*
cautivo(a) captive, *8*
caza hunting, *2*
cejas eyebrows, *7*

celebración celebration, 9

célebre famous, 8

cementerio cemetery, 9

cenizas ashes, 9

censura censorship, 8

centímetro centimeter, 4

centro comunitario community center, 6

cercano(a) nearby, 1

cerdo pig, 3

cerebro brains, mastermind, 5

cervecería brewery, 5

chalina narrow shawl, 8

chancho pig, 2

charco puddle, pond
    brincar el charco to cross the ocean, 10

chato(a) flat-nosed, pug-nosed, 7

cheque check
    cheque de viajero traveler's check, 4

chequera check book, 4

chévere terrific, great, 1

chicotazo whiplash, 10

chile chili pepper, 3

chisme rumor, 9

chiste joke, 6

chivo goat, 3

chorrear to gush, spurt, 1

choza hut, 2

chuño freeze-dried potato, 8

ciclismo de montaña mountain biking, 2

cielo sky, 2

ciencia ficción science fiction, 10

cilíndrico(a) cylindrical, 1

cineasta film director, filmmaker, 5

circo circus, 5

cita appointment (medical, business), date, engagement, 4, 9

cítricos citrus fruits, 1

ciudadano(a) citizen, 6

claritos streaks (hair), 7

claro(a) light
    verde claro light green, 1

claro(a) light-colored, 7

clásico(a) classic, 10

claves percussion instrument of the Antilles, 1

clima climate, 2

clímax climax, 10

club nocturno nightclub, 5

coartada alibi, 10

cobarde coward, 3

cobaya guinea pig, 3

cobrar to cash, to charge 4

cochas artificial lagoons, 2

cocina cuisine, 5

cola tail, 9

colcha de retazos patchwork quilt, 2

colega colleague, 2

colgante hanging, 2

colina hill, 2

collar necklace, 2

colmena beehive, 10

colmo a type of play on words, 9

colocar to place, 2

comedia comedy, 10

comedor dining room, 5

comerciante merchant, 5

comerciar to trade, deal, traffic, do business with, 3

comercio commerce; commercial establishment, shop, 3, 4

cometer to commit
    cometer un delito to commit a crime, 3, 5

comisaría police station, 5

cómoda chest of drawers, 9

cómodo(a) comfortable, 4

compartir to share, 1

compensar to make up for, to compensate, 9

complejo complex, 4

comprar to buy, 4

comprensivo(a) understanding, 7

comprometerse a to commit oneself to, to promise to, 6

comprometido(a) committed, bound
    comprometidos engaged couple
    estar comprometido(a) con alguien to be engaged to someone, 7, 9

compromiso obligation, commitment, pledge, engagement, 6, 9

común common, 2

comunal communal, 8

comunidad community, 6

con mi sincero agradecimiento with my sincere thanks, 1

con tal de que provided that, 8

concejal councilman (woman), 5

concejo municipal town council, 5

conciencia conscience, 8

concientización (concienciación) consciousness-raising, 8

concientizar (concienciar) to raise someone's consciousness, 8

concurso contest, 3

condolencias condolences, 9

conducir to transport, drive, 5

conducto channel, conduit, pipe, 5

conejillo de Indias guinea pig, 3

conejo rabbit, GG1

conferencia lecture, conference, 4

confiable trustworthy, reliable, 7

confiado(a) trustful, confident, trusting, 4

conformista conformist, 3

conjunción union, 8

conjunto group, collection, 8

conmovedor moving, 10

conocido(a) acquaintance, 5

conocimiento knowledge, 2

conquista conquest, 3

conquistar conquer, 2, 3

conseguir to obtain, 5

consejero(a) adviser, councilman (woman), minister (of a government council), 7

consejo advice, 6

conservado(a) preserved, 5

conservar to preserve, 2

consistir en to entail or involve, to consist of, 9

constar de to consist of, be made up of, contain, 9

constituir to constitute

construir to construct, 9

consulado consulate, 5

consumo consumption
    gastos de consumo consumer expenses, 4

contabilidad accounting, 2

contado (pagar al) to pay in cash, 4

contagiarse to be caught up by, 6

contar to tell, count
    contar con to count on, 6

contenedor container, 5

contenido content, *10*
contienda fight, battle, *4*
contra against, *8*
contrabajo double bass, *1*
contrario(a) contrary
  al contrario on the contrary, *9*
controvertido(a) controversial, *1*
convidar to invite, *9*
convivencia living together, *5*
convivir to live together, *5*
copa drink, cocktail, *5*
copla verse, stanza, popular folk song, *9*
coquí a type of frog, *1*
coraje courage, bravery, spunk, *9*
corazón heart, center, core, *7*
cordillera mountain range, *2*
corregir to correct, *8*
correo (correos) post office, *5*
corresponsal correspondent, *9*
corrida de toros bullfight, *5*
corriente current of water; common, ordinary, *1, 7*
cortante cutting, *10*
cortesía courtesy, *7*
corto(a) short, *7*
cosecha crop, *3*
costar to cost, *4*
costero(a) coastal, *2*
costo cost, *4*
costumbre custom, *3*
costurera seamstress, *9*
cotidiano(a) daily, *10*
cotorra parrot, *1*
crecer to grow, *3*
creencia belief, *9*
criado(a) raised, *8*
criar to raise, *3*
criollo(a) native, domestic, Creole, *1*
crisantemo chrysanthemum, *3*
cristalino(a) crystal-clear, *2*
crítica criticism, *6*
crónica chronicle, *3*
crucero cruise ship, *1*
crueldad cruelty, *3*
crujiente crunchy, *1*
cruzar to cross, *2*
cuadrado(a) square, *1*
cuadro painting, *5*
cuantioso(a) abundant, considerable, *4*

cuánto how much
  ¿A cuánto está(n)? What is the price?, *4*
cuarto a quarter, *4*
cuatro type of small guitar, *1*
cubierta cover, *10*
cubo garbage bin, *5*
cuello neck, *7*
cuenca basin, drainage area, *9*
cuenta bill, account, *4*
cuentista story writer, *10*
cuento short story, *10*
cuerda string, *1*
cuerpo corps
  cuerpo de policía police department
  cuerpo de bomberos fire department, *5*
cuestionario questionnaire, *4*
cueva cave, *2*
cuidado care, *5*
cuidar to take care of, *5*
cultivos crops, *3*
culto(a) educated, *7*
cumbre top, *2*
cumplir to carry out, fulfill
  cumplir con to fulfill one's obligations, *10*
cuna cradle, *5*
cupo space, room, *4*
cursar to attend (a course of studies), *5*
custodia safekeeping, custody, *5*
cuy guinea pig, *3*
cuyo(a) whose, *4*

D

dar to give
  dar a conocer to make known
  dar a luz to give birth
  dar el pésame to express one's condolences
  dar lugar a to give rise to
  darse cuenta to realize
  darse prisa to hurry *3, 9, GG1*
datar de to date from, *2*
debido a due to, *5*
débil weak, *2, 7*
décimo(a) tenth, *4*
decir to say, to tell
  es decir that is to say, *9*
dedicatoria dedication, dedicatory, *7*

deidad deity, *3*
dejar to leave
  ¿En cuánto me lo (la) deja? How much will you give it to me for?, *4*
deletrear to spell, *8*
delgado(a) thin, *7*
delirar to be delirious, *3*
delito crime, *5*
demasiado(a) too much, *4*
denominar to name, indicate, *10*
denuncia accusation, reporting, denouncement, *5, 8*
denunciar to report (a crime), denounce, accuse, *3, 5, 8, 9*
dependencia dependency
  dependencia alcohólica alcohol dependency, *5*
deporte sport, *2*
depravado(a) depraved, *7*
derecho right
  derechos humanos human rights, *1, 8*
derretir to melt, *10*
derribar to knock down, *9*
derrotar to defeat, *3*
desafío challenge, *6*
desafortunadamente unfortunately, *3*
desagradable unpleasant, *1*
desaparecer to cause to disappear, *8*
desaparición disappearance, *8*
desarrollar to develop, *8*
desarrollo development, *8, 10*
desatendido(a) unattended, *4*
descendiente descendent, *8*
descentralizado(a) decentralized, *5*
descomponerse to break down, *GG2*
desconocer to not know, be ignorant of, *3*
desconocido(a) unknown, *2, 3*
describir to describe, *10*
descripción description, *10*
descriptivo(a) descriptive, *10*
descubridor discoverer, *3*
descubrimiento discovery, *3*
descubrir to discover, *3*
descuento discount, reduction, *4*
descuidado sloppy, *7*
desde el principio from the beginning, *1*
desear to desire, to wish, *9*
desempeñar (un papel) to play a role, *5*